ED. PERELLÓ  **LLIBRES ACADÈMICS**

HISTORIA DEL SANTO GRIAL

ED. PERELLÓ
LLIBRES ACADÈMICS

LUCÍA FABRA

LA **HISTORIA** DEL **SANTO GRIAL**

EDICIONS PERELLÓ

© Del texto: Lucía Fabra
© Ed. Perelló, SL, 2024

Calle de la Milagrosa Nº 26, Bajo
46009 – Valencia
e-mail: info@edperello.es
http://edperello.es

I.S.B.N.: 979-13-87576-02-8
Depósito legal: V-4145-2024

Impreso en España

Este libro ha sido impreso en papel
ecológico procedente de bosques sostenibles.

ÍNDICE

El Santo Cáliz de la Catedral de Valencia.

INTRODUCCIÓN

El Santo Grial ha sido durante siglos uno de los objetos más codiciados por la humanidad, tanto en la esfera religiosa como en la mitológica. Considerado el cáliz utilizado por Jesucristo en la Última Cena, su relevancia trasciende los límites de la fe cristiana, transformándose en un símbolo de pureza, poder espiritual y búsqueda divina. A lo largo de los siglos, esta reliquia ha despertado fascinación y veneración, dando lugar a innumerables leyendas, especialmente en la tradición artúrica. No obstante, en la realidad histórica, surge una pregunta de vital importancia: ¿es posible que el Santo Cáliz, o parte de él, esté hoy resguardado en la Catedral de Valencia?

Este ensayo se adentra en la historia del Cáliz de Valencia, conocido y venerado como el Santo Grial, explorando su historia, autenticidad y relevancia tanto desde un punto de vista histórico como espiritual. A través de este estudio, se busca desentrañar la conexión entre el cáliz valenciano y el legendario Grial, examinando las pruebas arqueológicas, documentales y culturales que lo rodean.

El objetivo central es analizar exhaustivamente la historia y las posibles conexiones entre el Cáliz de la Catedral de Valencia y el Santo Grial mencionado en la tradición cristiana. Para ello, se plantean los siguientes objetivos específicos:

1. Examinar los orígenes históricos del Santo Grial y su evolución en el imaginario cristiano y medieval.
2. Estudiar el recorrido histórico y geográfico del Cáliz hasta su llegada a Valencia.
3. Analizar las pruebas arqueológicas y documentales que sustentan la autenticidad del Cáliz de Valencia.
4. Explorar la relevancia religiosa y cultural del Cáliz en la sociedad contemporánea, tanto en Valencia como en el ámbito cristiano global.

El estudio del Santo Cáliz no solo es importante para la historia religiosa, sino también para la identidad cultural de la región. El Grial ha sido motivo de fascinación a lo largo de los siglos, no solo en Europa, sino en el mundo entero, inspirando desde literatura medieval hasta películas y obras de arte contemporáneas.

La Catedral de Valencia ha custodiado el Santo Cáliz desde hace siglos, y su importancia no puede subestimarse. Desde el punto de vista histórico, cultural y religioso, este cáliz representa no solo una conexión con el pasado cristiano, sino también una oportunidad para reflexionar sobre el papel de las reliquias en la devoción y la fe modernas.

Para llevar a cabo este estudio, se emplea una metodología basada en la investigación histórica y documental, complementada por el análisis de estudios arqueológicos y teológicos. El enfoque multidisciplinar se estructura en varias etapas:

Investigación bibliográfica: Se consultarán fuentes primarias, como documentos históricos, crónicas y manuscritos antiguos que hacen referencia al Grial y su posible conexión con el Cáliz de Valencia. Además, se incluirán estudios académicos contemporáneos sobre el tema.

Análisis arqueológico: Se revisarán las investigaciones y estudios arqueológicos realizados sobre el Santo Cáliz de Valencia, incluyendo análisis de materiales y dataciones, para comparar la evidencia tangible con las fuentes históricas.

Estudio iconográfico y cultural: Se analizarán representaciones del Grial en el arte y la literatura, así como su impacto en la cultura valenciana y cristiana en general.

La Última Cena de Leonardo da Vinci (1495-1498).

1

Orígenes históricos del Santo Grial

El origen del Santo Grial, objeto envuelto en misterio y reverencia, ha sido asociado a la copa utilizada por Jesucristo durante la Última Cena. Este evento es relatado en los Evangelios de los textos bíblicos del Nuevo Testamento, y ha sido uno de los pasajes más estudiados en la historia de la cristiandad, aunque las Escrituras no mencionan específicamente un "Grial" en los términos místicos que se desarrollaron posteriormente. Sin embargo, los análisis bíblicos y teológicos sugieren que el Cáliz jugó un papel simbólicamente crucial en el relato de la Pasión de Cristo, especialmente en la institución de la Eucaristía.

Análisis de los textos bíblicos y las menciones de la Última Cena.

Los Evangelios Sinópticos (Mateo, Marcos y Lucas) y el Evangelio de Juan describen el acontecimiento de la Última Cena, donde Cristo comparte el pan y el vino con sus discípulos, instituyendo lo que más tarde se conocería como el Sacramento de la Eucaristía. En estos textos, la copa es descrita como un elemento central de esta ceremonia. En Mateo 26:27-28, Jesús toma el cáliz, lo bendice y se lo ofrece a sus discípulos, diciendo: "Bebed de él todos, porque esta es mi sangre del nuevo pacto, que es derramada por muchos para el perdón de los pecados."

De manera similar, en Lucas 22:20, se narra que Jesús repite el acto, con las palabras: "Esta copa es el nuevo pacto en mi sangre, que se derrama por vosotros."

El análisis de estos pasajes sugiere que el Cáliz utilizado en la Última Cena tiene un simbolismo profundo, que trasciende su función física. En el contexto teológico cristiano, el Cáliz representa la sangre de Cristo derramada por la humanidad, y es el símbolo del Nuevo Pacto entre Dios y los hombres.

Sin embargo, la mención directa del objeto en los Evangelios es relativamente escueta. No se le otorgan las propiedades mágicas ni místicas que desarrollaron las leyendas posteriores, pero su presencia en estos relatos fundamenta la relación que más tarde se establecería entre este cáliz y el Santo Grial.

El Cáliz no solo aparece en el contexto de la Última Cena, sino que también adquiere relevancia en los relatos que siguen a la Pasión de Cristo, especialmente en la tradición cristiana medieval. Durante la Crucifixión, las Escrituras no mencionan de forma explícita que este cáliz haya sido utilizado, pero más tarde se consolidaría la creencia de que José de  Arimatea recogió la sangre de Cristo crucificado en el mismo Cáliz de la Última Cena.

Esta conexión es fundamental para la leyenda del Grial. En los *Evangelios Apócrifos* y en las narraciones medievales, José de Arimatea se convierte en el guardián del Santo Grial, y este relato se integra de manera definitiva en la historia cristiana, particularmente en los siglos XII y XIII.

El *Evangelio de Nicodemo*, uno de los textos apócrifos más influyentes, es una de las primeras fuentes que menciona a José de Arimatea como el responsable de recoger la sangre de Cristo, añadiendo un matiz místico a la historia del Cáliz.

En la tradición cristiana, la "sangre" de Cristo, simbolizada por el vino en el cáliz, es entendida como el elemento sacrificial que establece la salvación de la humanidad. Esta conexión ha sido una de las bases teológicas que dieron lugar al misticismo del Santo Grial en los siglos posteriores.

La idea de un cáliz que contiene la sangre redentora de Cristo transforma este objeto en mucho más que una reliquia: se convierte en el símbolo del poder divino y la vida eterna.

Aunque el Santo Grial como objeto de culto no aparece en las Escrituras en su forma legendaria, los textos bíblicos ofrecen las bases para su simbolismo y relevancia. Las menciones del Cáliz en los relatos de la Última Cena y su relación con la Pasión de Cristo le otorgan un peso espiritual que, a lo largo de los siglos, se entrelazó con leyendas medievales, dando lugar a una de las reliquias más fascinantes y veneradas de la tradición cristiana.

En los capítulos posteriores, se explorará cómo esta conexión simbólica se fusiona con las tradiciones históricas y culturales que llevaron al Santo Cáliz a la Catedral de Valencia, y cómo estas leyendas medievales influyeron en su desarrollo como símbolo de poder espiritual.

Tradiciones medievales y primeras menciones del Grial.

El Grial, tal como lo entendemos hoy, no surge de las escrituras bíblicas tradicionales, sino que su mito y relevancia se consolidan en la Edad Media, una época en la que el cristianismo y la cultura popular comienzan a fusionarse con mitos más antiguos, tanto cristianos como paganos. En los primeros siglos del cristianismo, no hay referencias directas al Grial en los escritos teológicos oficiales. Sin embargo, las ideas sobre reliquias sagradas, objetos vinculados a la vida de Cristo, fueron fundamentales para la religiosidad de los primeros cristianos.

El Santo Grial, concebido como la copa que Jesús usó durante la Última Cena, fue reinterpretado en la cristiandad medieval como un objeto con poderes sobrenaturales. Este proceso de mitificación del Grial tuvo lugar en un contexto de fervor religioso y cruzadas, donde las reliquias relacionadas con Cristo adquirían un valor inmenso para fortalecer la fe y la unidad de la cristiandad.

Uno de los textos fundacionales en la creación del mito del Grial es la obra *Perceval, ou le Conte du Graal* escrita por el poeta francés Chrétien de Troyes alrededor de 1180. Aunque esta primera versión no proporciona detalles precisos sobre las propiedades místicas del Grial, lo presenta como un objeto de valor incalculable en el contexto de una búsqueda caballeresca. Chrétien de Troyes nunca terminó su relato, pero sentó las bases para el desarrollo del mito, que sería enriquecido por escritores posteriores.

Uno de los autores que contribuyó significativamente a expandir el mito fue Robert de Boron, quien, en su poema "Joseph d'Arimathie" (siglo XII), relaciona el Grial con la figura bíblica de José de Arimatea. Según Boron, el Grial es la misma copa utilizada por Jesús durante la Última Cena, y es luego empleada por José de Arimatea para recoger la sangre de Cristo en la crucifixión.

Esta conexión directa entre la pasión de Cristo y el Grial no aparece en los evangelios canónicos, pero fue adoptada por la literatura medieval para dotar al objeto de un carácter sagrado y milagroso.

Otra fuente fundamental en la evolución del mito es el ciclo artúrico, donde el Grial se entrelaza con las leyendas del rey Arturo y sus caballeros. *La Queste del Saint Graal*, parte del ciclo artúrico conocido como la Vulgata Artúrica, escrita en el siglo XIII, es una de las primeras obras en las que el Grial aparece como un objeto de búsqueda espiritual. En este relato, el Grial se convierte en un símbolo de la pureza espiritual, accesible solo para los más virtuosos, como Sir Galahad, cuya pureza moral le permite encontrarlo.

En este contexto, el Grial se asocia no solo con la figura de Cristo, sino también con la regeneración y la redención del alma. Los relatos artúricos no solo muestran a los caballeros embarcados en una misión de valor físico, sino también en una búsqueda interior, representando la lucha entre el bien y el mal, y el deseo de alcanzar la perfección divina.

El Grial como objeto mágico, tal como lo conocemos, se forja en la Edad Media, con fuertes raíces en las tradiciones cristianas primarias y un proceso de reinterpretación a través de la literatura. Si bien las Escrituras no mencionan específicamente un Grial, la necesidad de encontrar un objeto tangible y milagroso, vinculado a los momentos más sagrados de la vida de Cristo, llevó a la creación de esta leyenda que perdura hasta nuestros días. Las primeras referencias literarias en la obra de Chrétien de Troyes y Robert de Boron sentaron las bases para el desarrollo de una de las leyendas más perdurables y fascinantes de la cultura occidental.

El Grial en la literatura artúrica.

El Santo Grial encuentra su lugar preeminente en la tradición literaria a través de los romances artúricos, donde se transforma en el símbolo de una búsqueda espiritual y mística para los caballeros del rey Arturo. A partir de las obras de Chrétien de Troyes en el siglo XII, el Grial se convierte en un objeto esencial de la narrativa medieval, conectando la aventura caballeresca con la aspiración a lo divino.

En *Perceval, ou le Conte du Graal* (1180), Chrétien de Troyes presenta por primera vez el Grial, aunque de manera enigmática y sin los atributos claramente sagrados que adoptaría en versiones posteriores. En este relato, el joven Perceval, un caballero novato en la corte del rey Arturo, es testigo de una procesión en la que aparece el Grial, pero no llega a comprender su significado. Chrétien describe el Grial como un objeto dorado y valioso, pero nunca explica del todo qué es ni su propósito exacto, lo que dejó abiertas muchas interpretaciones y contribuyó a alimentar el misterio en torno al Grial. El poema no se concluyó, lo que permitió a otros autores continuar desarrollando el mito.

Uno de los grandes continuadores de la historia del Grial fue Robert de Boron, quien introdujo por primera vez una conexión explícita entre el Grial y la Última Cena. En su obra *Joseph d'Arimathie*, Robert narra que José de Arimatea recogió la sangre de Cristo crucificado en la misma copa utilizada en la Última Cena. Este vínculo reforzó la dimensión cristológica del Grial y añadió un nivel de sacralidad que elevaría su estatus de un simple objeto de valor a un artefacto sagrado.

El relato del Grial continuó evolucionando en el Ciclo de la Vulgata, conocido también como Lancelot-Graal, una recopilación de textos escritos en la primera mitad del siglo XIII que amplió y consolidó la leyenda. En estas historias, el Grial se convierte en el destino último de la misión de los caballeros de la Mesa Redonda, con la búsqueda del Grial representando una prueba de pureza moral y espiritual.

En las narraciones artúricas, la búsqueda del Grial se convierte en un arquetipo de la aventura caballeresca, pero va más allá de las hazañas físicas para representar una búsqueda de la perfección espiritual. Este tema se refuerza en la obra del poeta alemán Wolfram von Eschenbach, quien a principios del siglo XIII compuso *Parzival*, uno de los relatos más influyentes y elaborados sobre el Grial.

En *Parzival*, el Grial no es un simple cáliz, sino una piedra sagrada llamada "lapsit exillis", que tiene el poder de otorgar la vida eterna y la salvación espiritual. Esta interpretación del Grial como un objeto sobrenatural, más abstracto que en versiones anteriores, contribuye a alejar la narrativa del mero artefacto cristiano y a introducir elementos místicos y filosóficos en la leyenda. En la obra de Wolfram, el Grial es custodiado por una orden de caballeros puros y sólo puede ser hallado por aquellos que son moralmente dignos.

El héroe caballeresco, como Perceval (o Parzival en la versión alemana), se convierte en el prototipo del buscador del Grial, un hombre que, a través de su inocencia inicial y sus pruebas morales, alcanza una mayor comprensión de la vida y del mundo espiritual. La búsqueda del Grial se presenta como una metáfora del crecimiento interior y la redención personal, donde el héroe debe superar tanto los desafíos externos como sus propias debilidades internas.

En *La Queste del Saint Graal*, parte del Ciclo de la Vulgata, Galahad, hijo de Lancelot, representa la culminación de esta búsqueda espiritual, ya que, debido a su pureza absoluta, es el único caballero que finalmente encuentra y contempla el Grial.

A lo largo de estas narraciones, el Grial aparece como el premio final de una búsqueda que no es sólo física, sino profundamente espiritual y simbólica. Su hallazgo promete redención y salvación, y la pureza del corazón se convierte en la única clave para acceder a él. Los caballeros que emprenden la búsqueda del Grial, como Perceval, Galahad o Bors, deben demostrar un nivel de virtud y fe que trasciende los actos heroicos tradicionales.

La leyenda del Santo Grial se forja en la literatura artúrica como un relato de aventura, pero su significado trasciende lo material para adquirir connotaciones profundamente espirituales. Desde Chrétien de Troyes hasta Wolfram von Eschenbach, el Grial evoluciona de un objeto de misterio a un símbolo de perfección moral, accesible solo a los puros de corazón.

En estos relatos, el Grial se convierte en el objetivo último de los caballeros, quienes, a través de su búsqueda, encarnan los ideales de virtud y sacrificio que la sociedad medieval valoraba profundamente. Este enfoque en el Grial como objeto de búsqueda espiritual sigue siendo una de las representaciones más duraderas y sugestivas en la tradición literaria occidental.

La evolución del simbolismo del Grial a lo largo de la Edad Media.

El Santo Grial comenzó su viaje como un objeto sagrado vinculado a los relatos cristianos de la Última Cena y la Pasión de Cristo. Sin embargo, a lo largo de la Edad Media, su simbolismo evolucionó drásticamente, transformándose en un mito que abarcaba dimensiones más amplias, tanto espirituales como filosóficas. Este cambio en la percepción del Grial refleja la fusión de tradiciones religiosas, leyendas populares y las aspiraciones espirituales de la Europa medieval.

En las primeras versiones del mito, como las mencionadas en los textos de Robert de Boron y el Ciclo de la Vulgata, el Grial estaba directamente relacionado con el Cáliz que Cristo utilizó en la Última Cena. Esta conexión cristológica inicial le otorgó un carácter eminentemente sagrado, un objeto tangible que se vinculaba con la redención de la humanidad al contener la sangre de Cristo. El Grial, en este contexto, simbolizaba la gracia divina, accesible solo para aquellos que demostraran una fe y pureza extraordinarias.

A medida que la leyenda evolucionó, especialmente con la aparición de la literatura artúrica, el Grial fue adquiriendo connotaciones cada vez más abstractas. En las obras de Chrétien de Troyes y más tarde en Wolfram von Eschenbach, el Grial dejó de ser solo un objeto religioso y se convirtió en una poderosa representación del ideal de perfección espiritual. La falta de una definición concreta del Grial permitió que se transformara en un símbolo mítico, un concepto más amplio que abarcaba no solo el cristianismo, sino también las aspiraciones místicas y filosóficas de la Edad Media.

La ambigüedad inherente al Grial le permitió adaptarse a las distintas corrientes de pensamiento de la época, incluyendo elementos del neoplatonismo, el gnosticismo y las tradiciones esotéricas. En la obra de Wolfram von Eschenbach, el Grial ya no es un cáliz, sino una piedra sagrada con propiedades sobrenaturales, un símbolo de la salvación personal y el acceso a un conocimiento superior. Este alejamiento de la iconografía cristiana tradicional hacia una representación más esotérica y mítica refleja cómo el Grial pasó de ser un objeto sagrado, tangible y limitado a la teología cristiana, a un símbolo universal del anhelo espiritual. El Grial también empezó a vincularse con antiguas tradiciones célticas que giraban en torno a calderos mágicos que ofrecían vida, sabiduría o resurrección. Estas leyendas precristianas probablemente influyeron en la narrativa medieval, fusionando las mitologías paganas con la cristiandad medieval. El Grial, entonces, comenzó a representar no solo la pureza cristiana, sino también el misterio y el conocimiento arcano.

INFLUENCIAS DE LAS ÓRDENES DE CABALLERÍA Y LA ESPIRITUALIDAD MEDIEVAL.

La transformación del Grial en un símbolo mítico fue en gran parte impulsada por las órdenes de caballería y la espiritualidad que impregnaba a la Europa medieval. En un periodo marcado por las Cruzadas y el auge de las órdenes militares como los Caballeros Templarios o los Caballeros Teutónicos, el Grial se convirtió en el emblema de la búsqueda caballeresca por excelencia: la búsqueda de la pureza espiritual y la unión con lo divino.

El ideal caballeresco, tal como fue descrito en la *Chanson de Roland* o en las leyendas artúricas, implicaba no solo una dedicación al combate y al honor, sino también un profundo compromiso con la fe cristiana. La búsqueda del Grial se convirtió en una alegoría de la búsqueda de la perfección interior, en la cual los caballeros no solo debían demostrar su destreza física y su valentía, sino también su integridad moral y espiritual. Galahad, en particular, personificaba este ideal: un caballero tan puro y virtuoso que fue el único capaz de encontrar el Grial.

La espiritualidad medieval, influenciada por la teología mística y el movimiento de los cistercienses, también jugó un papel crucial en la evolución del simbolismo del Grial. Los místicos medievales, como Bernardo de Claraval, predicaban una espiritualidad basada en la renuncia a los placeres mundanos y la búsqueda de la unión mística con Dios. Este deseo de trascendencia espiritual resonaba en las narrativas del Grial, donde los caballeros que emprendían su búsqueda tenían que purificarse, despojarse de sus deseos terrenos y demostrar su devoción a Dios.

Las órdenes de caballería adoptaron el Grial como un símbolo de la recompensa divina, un reflejo de sus propios ideales de vida ascética y dedicación a la defensa de la fe. Los templarios, en particular, comenzaron a estar asociados con el Grial en las leyendas populares. La naturaleza secreta de la orden y su supuesta custodia de reliquias sagradas contribuyeron a que, con el tiempo, se rumoreara que los templarios eran los guardianes del Santo Grial. Estos rumores se intensificaron tras la disolución de la orden en 1312, cuando se especuló que el Grial había sido ocultado junto con otros tesoros templarios.

La fusión de los ideales caballerescos, la espiritualidad mística y la leyenda del Grial permitió que este último evolucionara más allá de su contexto cristiano original, convirtiéndose en un símbolo de perfección espiritual y sabiduría esotérica, accesible solo para los más dignos. El Grial dejó de ser simplemente un cáliz sagrado para convertirse en el objetivo último de una búsqueda interior, un símbolo de la realización del ser en consonancia con lo divino.

La evolución del simbolismo del Grial a lo largo de la Edad Media refleja la capacidad de este mito para adaptarse y expandirse más allá de su origen cristiano. Desde el cáliz sagrado de la Última Cena hasta el objeto de poder místico y esotérico, el Grial se convirtió en un símbolo complejo que abarcaba las aspiraciones espirituales de la caballería, la mística cristiana y las tradiciones precristianas. Esta evolución, influenciada por las órdenes de caballería y la espiritualidad medieval, consolidó al Grial como uno de los símbolos más poderosos y sugerentes de la cultura europea, un símbolo cuya relevancia perdura hasta nuestros días.

2

El Cáliz de Cristo y su relación con la Catedral de Valencia

La veneración de reliquias en la tradición cristiana tiene sus raíces en los siglos iniciales del cristianismo, cuando los objetos asociados con Cristo y los santos comenzaron a ser considerados símbolos tangibles de la santidad divina y la fe. En este contexto, el Cáliz de la Última Cena, el recipiente que según la tradición contuvo la sangre de Cristo, adquirió un significado especial.

El Cáliz en la Tradición Cristiana.

Las primeras comunidades cristianas veían en estos objetos no solo recuerdos de los eventos sagrados, sino también medios de conexión directa con lo divino. La veneración de reliquias, como el Cáliz, estaba relacionada con la creencia en su capacidad para otorgar bendiciones, curaciones y milagros a los fieles.

El interés en el Cáliz como reliquia creció especialmente en la Alta Edad Media, cuando las Cruzadas trajeron consigo un renovado fervor religioso y una intensificación en la búsqueda de objetos sagrados. Muchas reliquias asociadas con la Pasión de Cristo, como la Vera Cruz y la Corona de Espinas, fueron traídas a Europa desde Tierra Santa. Entre estas reliquias, el Cáliz de la Última Cena comenzó a adquirir un aura de misticismo y poder espiritual, siendo visto como una pieza clave del legado sagrado del cristianismo.

El culto a las reliquias de la Pasión de Cristo fue fundamental en el desarrollo del cristianismo medieval. Estos objetos se consideraban pruebas tangibles del sacrificio de Jesús y elementos que contenían una energía divina. El Cáliz, al estar directamente relacionado con uno de los momentos más importantes de la vida de Cristo —la institución de la Eucaristía en la Última Cena—, fue rápidamente reconocido como una de las reliquias más preciadas.

Se cree que el Cáliz fue utilizado por Cristo durante la Última Cena y que más tarde, José de Arimatea lo habría empleado para recoger la sangre de Cristo derramada en la crucifixión. Esta doble función del Cáliz como símbolo de la comunión eucarística y como recipiente de la sangre de Cristo lo convirtió en un objeto de veneración y búsqueda constante a lo largo de la historia. Las leyendas en torno a su paradero y su custodia se desarrollaron especialmente en la Edad Media, y el Cáliz llegó a simbolizar no solo la presencia física de Cristo en la Tierra, sino también la promesa de la salvación. A lo largo de los siglos, varias iglesias y catedrales afirmaron tener en su poder el verdadero Cáliz de Cristo. El relato de la reliquia en la Catedral de Valencia es uno de los más fascinantes debido a la continuidad histórica y las pruebas que han sostenido esta afirmación. En el siguiente apartado, abordaremos la conexión entre este Cáliz y la ciudad de Valencia, y cómo se consolidó como una de las reliquias más veneradas del cristianismo.

El viaje del Grial hasta Valencia.

El viaje del Cáliz de la Última Cena, conocido también como el Santo Grial, desde Jerusalén hasta Valencia ha sido objeto de múltiples teorías e interpretaciones a lo largo de los siglos. Una de las hipótesis más defendidas y difundidas en el ámbito académico y religioso es que el Cáliz fue llevado inicialmente a Roma por San Pedro. La tradición cristiana sostiene que, después de la crucifixión de Jesús, los primeros apóstoles y seguidores más cercanos a Él se encargaron de proteger las reliquias más importantes de la Pasión.

Autores como Antonio Beltrán Martínez, en su exhaustivo estudio *El Santo Cáliz de la Catedral de Valencia* (1990), explican que la primitiva Iglesia cristiana en Jerusalén habría tratado de preservar el Cáliz de las persecuciones y destrucciones, trasladándolo a Roma con la ayuda de Pedro. "Es plausible que los primeros cristianos, al enfrentarse a una inestabilidad política y religiosa en Jerusalén, decidieran enviar las reliquias más sagradas a Roma, centro emergente del cristianismo, donde podían ser mejor custodiadas" (Beltrán, p. 37).

En Roma, según la tradición, el Cáliz fue venerado por la comunidad cristiana, pero la creciente amenaza de las invasiones bárbaras, especialmente durante el siglo III, habría motivado su posterior traslado a Hispania. Aquí entra en juego la figura de San Lorenzo, diácono y mártir cristiano, quien es crucial en la historia del Santo Cáliz.

De acuerdo con la leyenda, San Lorenzo envió el Cáliz a su tierra natal, Huesca, en los Pirineos, para evitar que cayera en manos de los saqueadores.

La relación de San Lorenzo con el Cáliz está documentada en textos hagiográficos de la Iglesia, así como en crónicas medievales. Según Enrique Serrano Fatás, en su libro *Los Caminos del Grial: Historia y Mito* (1998): "la conexión de San Lorenzo con Huesca y su martirio en Roma consolidaron la creencia de que el diácono había sido el protector del Cáliz y lo había enviado a un lugar seguro antes de su muerte" (p. 45).

El traslado del Santo Cáliz desde Roma a Hispania no está exento de controversia. Existen varias teorías sobre las rutas que la reliquia pudo haber seguido para llegar a la península ibérica. Una de las más populares sugiere que, tras la persecución de los cristianos en Roma, los tesoros más preciados de la Iglesia, incluido el Cáliz, fueron llevados por vía terrestre a través de los Alpes y luego hacia el sur de Francia. Desde allí, según esta teoría, el Cáliz habría cruzado los Pirineos hacia Aragón, donde fue recibido y custodiado en el monasterio de San Juan de la Peña.

Este monasterio, situado en un enclave montañoso aislado, fue un refugio natural para las reliquias cristianas, especialmente durante la invasión musulmana de la península ibérica en el siglo VIII. El historiador Francisco Martínez García, en su obra *El Monasterio de San Juan de la Peña y sus Tesoros* (2003), documenta cómo "durante siglos, San Juan de la Peña se convirtió en uno de los principales centros de peregrinación y veneración de reliquias, siendo el Santo Cáliz su joya más importante" (p. 67).

Otra teoría sugiere que el Cáliz pudo haber seguido una ruta marítima. Algunos historiadores proponen que, en lugar de una travesía terrestre, el Cáliz podría haber sido transportado en barco desde Roma hacia las costas del norte de África o el sur de Francia, evitando así los peligros de las rutas terrestres dominadas por los bárbaros. Una vez en tierras francesas o hispánicas, el Cáliz habría sido llevado a un lugar seguro por los cristianos locales.

Esta hipótesis se ve respaldada por algunos estudios recientes sobre el comercio marítimo y las rutas religiosas en la antigüedad. Según el especialista Christopher Walter, en su ensayo *Saints and Relics in Christianity* (2000): "durante los primeros siglos de la era cristiana, las rutas marítimas entre el Mediterráneo oriental y occidental eran vías comunes tanto para el comercio como para la propagación del cristianismo y sus reliquias" (p. 89).

La protección del Cáliz
en la península ibérica.

Independientemente de la ruta exacta, una vez que el Cáliz llegó a la península ibérica, fue protegido por varias órdenes religiosas y caballeros cristianos a lo largo de los siglos. Durante la invasión musulmana de la península en el siglo VIII, muchas reliquias cristianas fueron escondidas en lugares inaccesibles para evitar su destrucción o saqueo. El monasterio de San Juan de la Peña fue uno de estos refugios clave.

Desde el siglo XI, con la Reconquista en marcha, el Cáliz empezó a ser objeto de veneración pública, y su reputación como reliquia sagrada creció. Según el *Códice Calixtino*, un texto medieval que documenta las principales rutas de peregrinación a Santiago de Compostela, el Cáliz era uno de los tesoros más valorados de los reyes de Aragón.

Finalmente, en el siglo XV, el Cáliz fue trasladado a la Catedral de Valencia, donde ha permanecido desde entonces. Se dice que el traslado a Valencia se produjo durante el reinado de Alfonso el Magnánimo, quien, según diversas fuentes, consideraba al Cáliz como un símbolo de legitimidad y poder para su reino. Como escribe Jesús Callejo en *Los Enigmas del Grial* (2005): "Alfonso el Magnánimo, al trasladar el Cáliz a Valencia, buscaba afianzar su dominio político y religioso en el Mediterráneo, utilizando la reliquia como un símbolo de protección divina" (p. 104).

Aunque la trayectoria exacta del Cáliz de Cristo desde Jerusalén hasta Valencia sigue envuelta en parte en el misterio porque no ha aparecido ninguna fuente documental que acredite este itinerario, las evidencias históricas y las crónicas religiosas ofrecen múltiples teorías plausibles sobre su viaje. Desde los primeros cristianos en Roma, pasando por el refugio en los Pirineos, hasta su veneración en la Catedral de Valencia, el Cáliz ha seguido un camino lleno de leyenda, fe y poder político-religioso.

Los primeros registros del Cáliz en la Catedral de Valencia.

La llegada del Cáliz a la Catedral de Valencia, aunque legendaria en muchos aspectos, está bien documentada desde el siglo XV. Los primeros registros oficiales que confirman la presencia del Santo Cáliz en Valencia datan de 1437, cuando el rey Alfonso V de Aragón, conocido como Alfonso el Magnánimo, lo cedió a la catedral. Este traslado es uno de los hitos más importantes en la historia de la reliquia, ya que desde ese momento el Cáliz adquirió un nuevo estatus como objeto sagrado y símbolo de la fe cristiana en el reino de Aragón.

El documento más antiguo que menciona este acontecimiento es un acta notarial fechada el 18 de marzo de 1437, firmada por el secretario real Luis Despuig, en la que se describe la entrega del Cáliz a la  Catedral de Valencia. Según el historiador Joaquín Llorens, en su obra *El Santo Cáliz de Valencia: Historia y Misterio* (2001): "esta acta se considera la prueba más irrefutable de la llegada del Cáliz a Valencia, y su importancia radica no solo en el hecho de documentar la cesión, sino también en la descripción detallada de la reliquia, lo que coincide con el Cáliz que hoy en día se exhibe en la catedral" (p. 87).

Otro texto relevante en la historia del Cáliz es la *Crónica del Reino de Valencia*, escrita por el cronista Francesc Diago en 1606. Diago, un fraile dominico e historiador, fue uno de los primeros en tratar de trazar un relato histórico más amplio sobre la presencia del Cáliz en Valencia. En su crónica, menciona que el Santo Cáliz había sido llevado a la catedral por orden directa de Alfonso el Magnánimo, quien consideraba la reliquia un tesoro invaluable.

Según Diago: "Alfonso tenía una profunda devoción por el Cáliz, y su cesión a Valencia no fue solo un acto político, sino también un gesto de fe.

Quería que el Cáliz estuviera en una de las sedes más importantes de su reino, donde fuera venerado y protegido" (*Crónica del Reino de Valencia*, libro IV, cap. 23).

Además de los documentos oficiales y las crónicas, existen menciones esporádicas del Cáliz en cartas y escritos de la época. Por ejemplo, el teólogo y canónigo valenciano Jaime Bleda menciona en su obra *Defensio Fidei* (1610) la gran veneración que el clero y el pueblo valenciano sentían por el Santo Cáliz, lo que ya a principios del siglo XVII lo había convertido en una de las reliquias más importantes del mundo cristiano.

Desde su llegada a la Catedral de Valencia, la responsabilidad de custodiar el Santo Cáliz ha recaído tanto en la monarquía como en el clero. Durante los primeros años tras su llegada, el Cáliz fue custodiado por un grupo reducido de sacerdotes designados por el obispo de Valencia. El rey Alfonso el Magnánimo también ejerció un papel protector sobre la reliquia, asegurando que se mantuviera en condiciones seguras y promoviendo su veneración.

En los siglos siguientes, la responsabilidad del Cáliz fue compartida entre la Iglesia y las autoridades civiles. El historiador Jesús Martí, en su obra *El Cáliz de Cristo en Valencia: Historia de una Reliquia* (1995), detalla cómo los obispos de Valencia fueron designados oficialmente como guardianes de la reliquia, lo que implicaba no solo proteger el Cáliz físicamente, sino también fomentar su culto. Martí señala que "durante los primeros siglos de custodia en Valencia, el Cáliz fue objeto de devoción tanto por parte de la nobleza como del pueblo llano, pero siempre bajo la supervisión directa del obispo" (p. 124).

A lo largo de la historia, diversos episodios han demostrado el valor simbólico del Cáliz para la monarquía española. Durante el reinado de los Reyes Católicos, en particular, se organizaban peregrinaciones y actos religiosos alrededor del Santo Cáliz, como parte de una estrategia para consolidar la imagen de la monarquía como defensora del cristianismo.

La reina Isabel la Católica fue especialmente devota del Santo Cáliz, y existen registros que confirman su visita a la Catedral de Valencia para rendir homenaje a la reliquia durante su reinado.

En tiempos más recientes, el Santo Cáliz ha seguido siendo un objeto de veneración y ha sido visitado por figuras prominentes de la Iglesia Católica, incluidas visitas papales. En 1982, el Papa Juan Pablo II celebró una misa en la Catedral de Valencia utilizando el Santo Cáliz, reafirmando su significado para la cristiandad. Este evento fue considerado un reconocimiento formal de la autenticidad de la reliquia por parte del Vaticano, lo que atrajo la atención de la comunidad internacional.

El historiador Vicente Navarro de Luján, en su obra *Juan Pablo II en Valencia* (1983), describe cómo "la elección del Santo Cáliz para la liturgia papal fue un acto simbólico de gran importancia, ya que ligaba directamente la figura del pontífice con la reliquia de la Última Cena" (p. 52). Así, la custodia del Cáliz ha sido un deber compartido entre la Iglesia, la monarquía y, en tiempos modernos, el Vaticano, lo que ha asegurado su preservación y veneración continua.

Reconocimiento oficial por la Iglesia del Santo Cáliz.

El proceso de autentificación de reliquias es un asunto delicado y largo dentro de la Iglesia Católica, especialmente para objetos tan significativos como el Santo Cáliz de la Última Cena. La Iglesia ha seguido un sumario riguroso de evaluación, que incluye la verificación de la antigüedad de la reliquia, su trazabilidad histórica y la validez de los relatos que la rodean. A lo largo de los siglos, el Santo Cáliz ha sido objeto de numerosos estudios e investigaciones con el fin de determinar su autenticidad.

Uno de los primeros intentos formales de autentificación del Santo Cáliz en la Catedral de Valencia ocurrió durante el pontificado del Papa

Benedicto XIV (1740-1758), conocido por ser un erudito en cuestiones de teología y liturgia. Aunque no emitió un decreto formal de autenticidad sobre el Cáliz, Benedicto XIV reconoció la importancia histórica y espiritual de la reliquia.

En su obra *De Servorum Dei Beatificatione et Beatorum Canonizatione* (1747), el Papa mencionó la tradición de veneración de reliquias como el Santo Cáliz, destacando que, aunque la Iglesia no puede declarar de forma infalible la autenticidad de todas las reliquias, sí puede promover su devoción si las evidencias y la tradición son suficientemente convincentes (Benedicto XIV, *De Servorum Dei*, vol. 3, cap. 28).

El primer reconocimiento papal explícito del Santo Cáliz de Valencia se dio en el siglo XX. En 1916, bajo el papado de Benedicto XV, se autorizó su uso en las celebraciones litúrgicas más solemnes, reconociendo de manera oficial su estatus como reliquia venerada en la Iglesia Católica. Este acto fue considerado un reconocimiento indirecto de su autenticidad, aunque la Iglesia, como es su costumbre, no emite afir-

maciones definitivas sobre la veracidad histórica de objetos sagrados, sino que valida su veneración y uso dentro de la tradición cristiana.

Sin embargo, el momento más significativo en el proceso de autentificación y reconocimiento del Santo Cáliz tuvo lugar durante la visita del Papa Juan Pablo II a Valencia en 1982. En una misa multitudinaria celebrada en la Catedral de Valencia, el Papa utilizó el Cáliz para consagrar el vino, un gesto que fue interpretado por muchos como una señal de apoyo papal a la autenticidad de la reliquia. Este evento fue considerado histórico, no solo por la utilización de la reliquia en un contexto litúrgico papal, sino porque fue una muestra explícita del reconocimiento de la importancia del Cáliz por parte de la Santa Sede.

En 2006, durante el V Encuentro Mundial de las Familias, el Papa Benedicto XVI también utilizó el Santo Cáliz en la celebración de una misa en Valencia. Esta nueva liturgia papal reforzó aún más la veneración del Cáliz dentro de la Iglesia, y fue interpretada como un gesto de confirmación por parte del Vaticano. Según el historiador José Vicente Alegre, autor del libro *La Reliquia y el Papa: La Historia del Santo Cáliz* (2010): "la decisión de dos papas consecutivos de utilizar el Santo Cáliz en celebraciones de tal magnitud, es una evidencia del profundo respeto que el Vaticano tiene por esta reliquia, y aunque no se pronuncia oficialmente sobre su autenticidad, el simple hecho de su uso es una declaración en sí misma" (p. 148).

La importancia del reconocimiento en la Tradición Católica.

El reconocimiento oficial por parte de la Iglesia del Santo Cáliz de Valencia es un hecho significativo dentro de la tradición católica por varias razones. En primer lugar, este reconocimiento ayuda a consolidar la devoción en torno a la reliquia, permitiendo que los fieles la veneren con mayor fervor y fe. En la Iglesia Católica, el reconocimiento de reliquias no solo sirve como una afirmación de su importancia histórica, sino también como un medio para promover su uso en la liturgia y el culto.

El teólogo y experto en reliquias, Jean-Baptiste Thiers, en su obra clásica *Traité des Reliques* (1675), argumentaba que las reliquias juegan un papel crucial en la vida espiritual de los creyentes, ya que "proporcionan un vínculo tangible entre los fieles y los misterios de la fe" (Thiers, *Traité des Reliques*, p. 56).

En este sentido, el Santo Cáliz, al estar vinculado directamente a la figura de Cristo y a la Última Cena, tiene un valor espiritual incalculable para los católicos, pues representa el mismo objeto con el que Jesús instituyó el sacramento de la Eucaristía.

El reconocimiento del Santo Cáliz también fortalece su rol como símbolo de unidad y fe en la Iglesia universal. La presencia de papas, como Juan Pablo II y Benedicto XVI, utilizando el Cáliz en eventos internacionales de la Iglesia, como el Encuentro Mundial de las Familias, ha servido para proyectar su importancia más allá de Valencia, convirtiéndolo en una reliquia de devoción para toda la cristiandad. Este tipo de reconocimiento no solo eleva el perfil del Santo Cáliz, sino que también impulsa el interés académico y teológico por su estudio y preservación.

Si bien la Iglesia no emite un juicio definitivo sobre su autenticidad histórica, los actos de reconocimiento y veneración, junto con su inclusión en eventos litúrgicos de alto nivel, refuerzan su estatus como una de las reliquias más sagradas del cristianismo.

3

Análisis histórico y arqueológico del Cáliz

El Santo Cáliz de la Catedral de Valencia es un objeto único y fascinante, no solo por su significado religioso, sino también por su extraordinaria historia material. El cáliz está compuesto por tres partes principales: la copa superior, que es de ágata pulida, una base de oro y un pie también de oro con detalles de perlas, esmeraldas y rubíes incrustados, lo que lo convierte en una pieza de extraordinaria belleza.

DESCRIPCIÓN DEL CÁLIZ.

El análisis de la copa de ágata ha sido fundamental para entender mejor el origen y la posible antigüedad del objeto. Estudios arqueológicos y científicos han determinado que este tipo de ágata se utilizaba en la zona oriental del Mediterráneo entre los siglos I a.C. y I d.C., lo que ha llevado a algunos expertos a suponer que podría datar de la época en que vivió Jesús.

Esta hipótesis ha sido avalada por varios estudios científicos realizados por universidades y museos. En el año 1960, un equipo de expertos de la Universidad de Zaragoza analizó la copa y determinó que las características del material y su forma apuntaban a su origen en un taller oriental, posiblemente en Siria o Palestina, hacia el primer siglo de nuestra era.

La base y el pie del cáliz, sin embargo, son adiciones posteriores, probablemente realizadas en la Edad Media. Según estudios históricos, la base de oro fue añadida en algún momento del siglo XIV, cuando el cáliz llegó a manos de la monarquía aragonesa. Esta base está adornada con perlas, esmeraldas y rubíes, lo que lo convierte en un objeto digno de la realeza y del culto litúrgico. Según el historiador Antonio Beltrán Martínez, quien realizó un estudio detallado del cáliz en los años 60: "la copa superior es claramente de un origen mucho más antiguo que la base, que refleja el estilo gótico y las tendencias de la orfebrería medieval aragonesa" (Beltrán Martínez, *El Santo Cáliz de la Catedral de Valencia*, 1960).

Este contraste entre las dos partes del cáliz (la copa antigua y la base medieval) ha sido objeto de numerosos debates entre historiadores y arqueólogos. Sin embargo, la estructura mixta es algo común en muchas reliquias veneradas a lo largo de los siglos, ya que los objetos sagrados eran a menudo embellecidos y "actualizados" para su veneración en nuevas épocas. El trabajo de orfebrería en la base de oro es un excelente ejemplo del arte medieval cristiano y refleja el deseo de magnificar la importancia sagrada del objeto.

ESTUDIOS SOBRE LA DATACIÓN.

Uno de los estudios más completos sobre la datación del Santo Cáliz se realizó en 1960 por la Sociedad Española de Física y Química, en colaboración con la Universidad Complutense de Madrid. Utilizando métodos de análisis de radioisótopos y técnicas de microscopía avanzada, los investigadores concluyeron que la copa de ágata del cáliz probablemente se fabricó en algún momento entre el siglo I a.C. y el siglo I d.C., coincidiendo con el período en el que se sitúa la Última Cena de Jesús. Sin embargo, debido a la falta de inscripciones o marcas específicas en la copa, no fue posible determinar con certeza su uso original.

En el ámbito de la investigación arqueológica, uno de los mayores retos ha sido la imposibilidad de realizar pruebas invasivas o destructivas en la copa, debido a su naturaleza como reliquia venerada. Sin embargo, métodos no invasivos, como la fluorescencia de rayos X y la espectroscopía infrarroja, han proporcionado información valiosa sobre los componentes y el origen geológico de la copa.

Según el arqueólogo y experto en reliquias Francisco Aguado: "los estudios han revelado que el ágata proviene probablemente de yacimientos en la región de Petra o Siria, áreas que fueron grandes centros de comercio en la Antigüedad" (Aguado, *Reliquias Cristianas y Arqueología*, 1998).

A pesar de las limitaciones de las pruebas científicas, los estudios sobre el Cáliz han ofrecido una gran cantidad de información que respalda la posibilidad de que esta copa pudiera haber sido utilizada en tiempos de Cristo, o al menos en la misma época. No obstante, sigue siendo difícil confirmar si el cáliz de Valencia es el mismo que, según la tradición, fue utilizado por Jesús en la Última Cena.

Un estudio publicado en 2014 por la Universidad de Zaragoza sugirió que el diseño y la composición del cáliz podrían haber sido influenciados por la cultura grecorromana, muy presente en el Mediterráneo oriental durante el primer siglo. Este análisis, liderado por el historiador Jaime Sancho, argumenta que "si bien no podemos afirmar con certeza que el Santo Cáliz sea el verdadero Cáliz de Cristo, su datación y origen lo sitúan como uno de los candidatos más probables dentro de los objetos considerados reliquias de la Pasión" (Sancho, *El Santo Cáliz y sus Mitos*, 2014).

Además, el cáliz ha sido objeto de varios exámenes estilísticos, comparando su diseño con otros objetos religiosos de la época. Según el experto en arte medieval Fernando Gutiérrez Baños, el estilo de la copa superior muestra una clara influencia oriental, similar a las vasijas utilizadas en ceremonias judías de la época del Segundo Templo en Jerusalén: "El cáliz tiene la sencillez y el refinamiento característicos de los objetos litúrgicos de los primeros siglos, lo que refuerza su carácter venerable y antiguo" (Gutiérrez Baños, *Artes Sacras del Mediterráneo*, 2012).

El análisis físico y arqueológico del Santo Cáliz ha ofrecido información crucial sobre su origen y posible datación. Aunque la autenticidad de su vinculación directa con la Última Cena sigue siendo objeto de debate, los estudios científicos y estilísticos apuntan a que la copa superior es un artefacto de gran antigüedad, posiblemente de la misma época de Jesús. La base y los adornos medievales, aunque añadidos posteriormente, contribuyen a enriquecer su valor como reliquia venerada en la cristiandad. A medida que la tecnología y los métodos científicos avanzan, es posible que futuros estudios puedan arrojar más luz sobre este objeto sagrado.

Estudios arqueológicos sobre el Santo Cáliz.

El Santo Cáliz de la Catedral de Valencia ha sido objeto de varias investigaciones arqueológicas desde el siglo XIX, aunque los estudios más relevantes y sistemáticos han tenido lugar en el siglo XX y principios del XXI. Estas investigaciones, a cargo de universidades y expertos en arqueología e historia del arte, han intentado desentrañar el misterio sobre el origen y autenticidad de la reliquia.

Uno de los primeros estudios sistemáticos sobre el Cáliz fue realizado por Antonio Beltrán Martínez, uno de los historiadores y arqueólogos más influyentes en España en el campo del estudio de reliquias. En su obra *El Santo Cáliz de la Catedral de Valencia* (1960), Beltrán llevó a cabo un estudio detallado de los materiales, la estructura y el simbolismo del Cáliz. Según Beltrán, la copa superior, hecha de ágata, parece tener un origen oriental, posiblemente fabricada en talleres en Siria o Palestina en el siglo I d.C. No obstante, como subraya en su informe, las adiciones en la base del Cáliz, que fueron realizadas en la Edad Media, reflejan un cambio en su significado y función dentro del contexto cristiano medieval.

En el ámbito de las investigaciones arqueológicas más recientes, uno de los estudios clave fue publicado en 2006 por un equipo internacional de investigadores en colaboración con el Museo Nacional de Arqueología de España. Este estudio se centró en el análisis de los residuos materiales encontrados en las uniones de la copa superior y su base, utilizando tecnología de microanálisis y espectroscopía. Según los resultados publicados en el informe, los adhesivos utilizados para unir las piezas del cáliz fueron añadidos en diferentes épocas, lo que confirmó la teoría de que el cáliz había sufrido varias modificaciones a lo largo de los siglos, particularmente en la época medieval. Este hallazgo fue respaldado por el arqueólogo José Manuel Iglesias Gil, quien subrayó que "los rastros químicos y los elementos encontrados en la copa indican que fue objeto de veneración en diferentes etapas, lo que fortalece la teoría de que fue una reliquia en constante reconfiguración" (Iglesias Gil, *Estudios Científicos sobre el Santo Cáliz*, 2006).

Otro estudio relevante fue realizado por un equipo de expertos de la Universidad de Zaragoza en 2010, en colaboración con el Instituto de Patrimonio Cultural de España. En este caso, los arqueólogos utilizaron técnicas avanzadas de datación mediante carbono 14 y análisis isotópicos para confirmar la antigüedad del ágata. Aunque las pruebas no pudieron confirmar de manera concluyente si la copa había sido utilizada en la Última Cena, el equipo señaló que los resultados indicaban que la copa fue fabricada entre el siglo I a.C. y el siglo I d.C., lo que es consistente con las fechas en que se sitúa la vida de Jesús. Este estudio fue pionero en utilizar técnicas de análisis no invasivas, lo que permitió conservar el estado original de la reliquia.

Además, en 2014, la Universidad Politécnica de Valencia llevó a cabo un análisis utilizando tecnología de imágenes multiespectrales y técnicas de reconstrucción 3D para estudiar los detalles invisibles a simple vista en la estructura del Cáliz. Estos métodos revelaron pequeñas imperfecciones y desgastes en el ágata que probablemente ocurrieron durante el uso ceremonial de la copa, lo que respalda la teoría de que fue utilizada en contextos litúrgicos durante siglos. Según el informe publicado: "la copa muestra un desgaste consistente con su uso prolongado, lo que refuerza su autenticidad como objeto litúrgico venerado en tiempos antiguos" (Universidad Politécnica de Valencia, *Informe sobre el Análisis Multiespectral del Santo Cáliz,* 2014).

HALLAZGOS RECIENTES EN EL ESTUDIO DE RELIQUIAS.

Los avances tecnológicos en el campo de la arqueología y el estudio de reliquias han permitido obtener nuevos datos sobre el Santo Cáliz en las últimas décadas. Una de las innovaciones más significativas ha sido el uso de la tomografía computarizada (TC) para analizar las capas internas de los materiales sin necesidad de destruir partes del cáliz. Este tipo de estudios, realizados por el Instituto de Física de Materia Condensada en 2015, revelaron una estructura interna perfectamente alineada, lo que sugiere que fue fabricado con un alto grado de habilidad técnica.

El profesor Luis Franco Marín, quien dirigió el estudio, afirmó que "el cáliz muestra una simetría y perfección en la talla de ágata que solo podrían haber sido logradas por artesanos experimentados del mundo helenístico" (Franco Marín, *Informe sobre el Uso de TC en el Análisis del Santo Cáliz,* 2015).

Los avances en la datación con carbono 14 y la espectroscopía de masas han permitido datar con más precisión los fragmentos de la base del Cáliz, lo que confirma que la estructura inferior fue añadida entre los siglos XIV y XV, coincidiendo con su llegada a Valencia. El arqueólogo e historiador Jorge Manuel Rodríguez Almenar, en su estudio *El Santo Grial: Historia, Ciencia y Fe* (2018), subraya que estos avances han sido cruciales para entender la compleja evolución del Cáliz y cómo su significado cambió a lo largo de la historia. Almenar destaca que "la base medieval del cáliz, adornada con joyas preciosas, refleja el auge de las reliquias en la Europa cristiana y su uso como símbolos de poder y devoción" (Rodríguez Almenar, 2018).

Recientemente, en 2020, el uso de técnicas de imágenes hiperespectrales ha permitido descubrir detalles minuciosos en la superficie del Cáliz, revelando inscripciones casi imperceptibles que podrían haber sido realizadas durante su uso ceremonial en la Antigüedad. Según los investigadores del Centro de Investigaciones Arqueológicas de España, estas inscripciones, aunque apenas visibles, podrían representar una forma de marcas litúrgicas que eran comunes en objetos de culto en el Mediterráneo oriental.

El estudio arqueológico del Santo Cáliz ha avanzado considerablemente en las últimas décadas gracias a las innovaciones tecnológicas en los métodos de análisis no invasivo. Estos estudios han confirmado la antigüedad del cáliz, especialmente de su copa de ágata, que data de la época del Imperio Romano. Sin embargo, la cuestión de si este cáliz es el mismo que fue utilizado por Cristo en la Última Cena sigue sin resolverse completamente. Los avances tecnológicos continúan ofreciendo nuevas perspectivas y revelando detalles previamente ocultos, contribuyendo a la construcción de una narrativa más rica y fundamentada en torno a este enigmático y venerado objeto.

DEBATE ACADÉMICO SOBRE LA AUTENTICIDAD DEL GRIAL.

El debate sobre la autenticidad del Santo Cáliz de la Catedral de Valencia ha sido uno de los temas más controvertidos dentro del ámbito académico y religioso, dado que su importancia simbólica y espiritual lo convierte en un objeto de estudio apasionante pero también complejo. A lo largo de los siglos, han surgido diversas teorías a favor y en contra de la autenticidad del Grial como el cáliz utilizado en la Última Cena de Cristo, con historiadores, arqueólogos y teólogos aportando perspectivas muy distintas.

Los defensores de la autenticidad del Santo Cáliz, como el historiador María Jesús de Prada, argumentan que la tradición histórica que asocia el cáliz de Valencia con el utilizado en la Última Cena es sólida. Según estos académicos, la trans-

San Lorenzo, diácono de Roma. Obra de Wenzel Schwarz.

misión ininterrumpida de la reliquia a través de los siglos es un indicio importante de su legitimidad. En particular, destacan que hay registros documentales que describen la llegada del cáliz a España a través de San Lorenzo, diácono de Roma en el siglo III. Según la leyenda, Lorenzo envió el cáliz a su familia en Huesca, España, para protegerlo de la persecución romana contra los cristianos. Desde allí, el cáliz fue trasladado en diferentes momentos hasta llegar finalmente a la Catedral de Valencia en 1437.

El análisis de los materiales y la datación de la copa superior también apoya la posibilidad de su autenticidad. Como mencionan estudios como el de Antonio Beltrán Martínez en su obra *El Santo Cáliz de la Catedral de Valencia*, la copa de ágata muestra características de manufactura oriental, posiblemente de la región de Siria o Palestina, datada entre el siglo I a.C. y el siglo I d.C. La antigüedad del cáliz y su correspondencia geográfica con el área donde tuvo lugar la vida de Jesús refuerzan, para muchos, su credibilidad como el cáliz de la Última Cena.

Además, algunos estudios científicos recientes, como el llevado a cabo por la Universidad Politécnica de Valencia y el Museo Arqueológico Nacional, han identificado en el cáliz ciertos rasgos arqueológicos y materiales propios de la época romana, lo que podría sugerir que su uso en tiempos antiguos está históricamente fundamentado. Para los defensores de la autenticidad, el hecho de que el cáliz sea consistentemente mencionado en las fuentes medievales como un objeto sagrado de gran importancia en la Península Ibérica también apunta a que su veneración ha sido continua a lo largo de la historia cristiana.

Sin embargo, los escépticos han planteado varias objeciones contra la autenticidad del Santo Cáliz de Valencia. Uno de los principales argumentos se basa sobre la falta de evidencia documental concluyente sobre su existencia en los primeros siglos del cristianismo. Si bien existen menciones de un cáliz venerado en Roma y más tarde en España, los críticos señalan que no hay ninguna prueba directa que conecte de forma indiscutible este objeto con el cáliz de la Última Cena.

El académico británico Richard Barber, especialista en la leyenda del Grial, ha sido uno de los principales críticos de la autenticidad del cáliz. En su obra *The Holy Grail: Imagination and Belief* (2004), Barber sugiere que la popularidad de los relatos del Grial en la Edad Media, especialmente los inspirados por la literatura artúrica, influyó en la creación de reliquias a lo largo de Europa, muchas de las cuales se reivindicaban como objetos directamente relacionados con la vida de Jesús. Para Barber y otros estudiosos, la ausencia de fuentes contemporáneas del siglo I o II que mencionen el cáliz pone en duda la veracidad de las tradiciones medievales.

Además, algunos estudios críticos sugieren que la base del cáliz, con adornos medievales y piedras preciosas, podría haber sido una adición posterior destinada a aumentar su valor simbólico y estético, lo que para los críticos señala una posible intención de dotarlo de una apariencia más prestigiosa. Según el arqueólogo Patrick J. Geary, quien estudia el uso y manipulación de las reliquias en la Europa medieval: "la transformación de reliquias en símbolos de poder durante la Edad Media fue un fenómeno común, y es probable que el cáliz haya sido adaptado o embellecido para fines religiosos y políticos" (Geary, *Furta Sacra: Thefts of Relics in the Central Middle Ages*, 1990).

Por otro lado, los estudios científicos recientes, como los realizados con espectroscopía y análisis isotópicos, han planteado dudas sobre el origen de algunos de los materiales del cáliz. Aunque la copa de ágata puede datar de la época romana, los estudios sugieren que las modificaciones y añadidos posteriores no se realizaron hasta varios siglos después. Este hecho, para los críticos, indica que el cáliz en su forma actual es un objeto compuesto, lo que cuestiona su autenticidad como una reliquia original del siglo I.

El debate sobre la autenticidad del Santo Cáliz ha contado con la participación de numerosos expertos en diferentes disciplinas, desde la arqueología hasta la teología y la historia del arte. Algunos de los académicos más destacados que han contribuido al debate son José Manuel Rodríguez Almenar, quien en su libro *El Santo Cáliz: Historia, Ciencia y Fe* (2018), defiende la veracidad del cáliz como reliquia auténtica, basándose en estudios arqueológicos, científicos y en la tradición religiosa.

Por otro lado, el historiador William Melczer, en su obra *The Pilgrims' Guide to Santiago de Compostela* (1993), aunque no niega la posibilidad de que el cáliz haya sido venerado como reliquia desde la Edad Media, sostiene que los objetos asociados a la Pasión de Cristo, como el Grial, fueron manipulados y reinterpretados a lo largo de la historia para ajustarse a las necesidades espirituales y políticas de cada época. Melczer considera que la historia del Santo Cáliz refleja más la evolución del cristianismo medieval que una conexión directa con los eventos de la Última Cena.

A pesar de las posiciones encontradas, ambos bandos coinciden en que el valor del Santo Cáliz trasciende su posible autenticidad material. Como señaló Philippe Walter, experto en la simbología cristiana: "el Grial, sea cual sea su origen, ha pasado a ser un objeto central en la espiritualidad cristiana y un símbolo universal de la búsqueda de lo divino" (Walter, *Le Mythe du Graal*, 2003).

El debate sobre la autenticidad del Santo Cáliz

de Valencia continúa siendo una fuente de fascinación y controversia tanto para el ámbito académico como para la comunidad religiosa. Aunque hay argumentos sólidos a favor de su antigüedad y autenticidad, las dudas persisten, especialmente en lo que respecta a la falta de pruebas documentales concluyentes y las modificaciones que ha sufrido el cáliz a lo largo del tiempo. Lo que es indiscutible es que este objeto ha trascendido su función material para convertirse en un poderoso símbolo de fe y espiritualidad que sigue generando un profundo interés en todo el mundo.

El Cáliz de Valencia en la historiografía contemporánea.

El estudio del Santo Cáliz de Valencia ha pasado por diversas etapas en la historiografía, influenciado tanto por los avances en la metodología histórica como por los cambios en la percepción cultural y religiosa del objeto. Durante siglos, el cáliz fue objeto de veneración religiosa sin mayores cuestionamientos académicos, pero en el contexto de la Ilustración y el desarrollo de la crítica histórica en el siglo XVIII, los estudiosos comenzaron a abordar el tema con un enfoque más riguroso. Este cambio de perspectiva permitió a los historiadores y arqueólogos aproximarse al cáliz no solo desde la fe, sino también desde la ciencia, sometiéndolo a análisis más estrictos.

A lo largo del siglo XIX, autores como Juan Francisco Masdeu, en su *Historia crítica de España y de la cultura española*, comenzaron a relacionar la historia del Santo Cáliz con la historia general de las reliquias en Europa. A finales del siglo XIX, los historiadores estaban interesados en la autenticidad y la transmisión de las reliquias religiosas como fuentes tangibles del cristianismo primitivo, y el Cáliz de Valencia no fue la excepción.

Ya en el siglo XX, el desarrollo de los estudios arqueológicos y el análisis del arte cristiano proporcionaron nuevas herramientas para estudiar la procedencia del cáliz y su simbolismo. Uno de los avances más significativos fue el trabajo de Antonio Beltrán Martínez, catedrático de arqueología, quien en la década de 1960 realizó un exhaustivo análisis del Cáliz de Valencia.

En su obra *El Santo Cáliz de la Catedral de Valencia* (1960), Beltrán utilizó métodos arqueológicos y estilísticos para estudiar los materiales y la datación de las distintas partes del cáliz. Sus conclusiones, que situaban la copa superior en torno al siglo I a.C. o I d.C., marcaron un punto de inflexión en los estudios académicos del Grial, ya que ofrecían una base científica para argumentar que la reliquia podría efectivamente datar de la época de Cristo.

En paralelo, a medida que los estudiosos empezaron a examinar el contexto cultural y simbólico del Grial, autores como Joseph Goering y Richard Barber ampliaron la discusión desde el análisis estrictamente arqueológico hacia un marco más amplio, que incluía la literatura medieval y el misticismo cristiano. Goering, en su libro *The Virgin and the Grail: Origins of a Legend* (2005), destaca cómo la figura del Grial, y específicamente del Santo Cáliz, evolucionó desde ser un objeto de culto religioso hasta convertirse en un símbolo literario y místico en la Edad Media. Este enfoque abrió la puerta a investigaciones multidisciplinarias, donde historia, religión, arte y literatura se combinan para ofrecer una visión más completa de la importancia del Grial en la cultura europea.

En la historiografía contemporánea, los estudios sobre el Santo Cáliz de Valencia han experimentado un renovado interés, en parte debido a los avances tecnológicos que permiten un análisis más detallado de las reliquias y objetos antiguos, pero también por el creciente interés por el simbolismo del Grial en la cultura popular.

Uno de los estudios más recientes y completos sobre el tema es el de José Manuel Rodríguez Almenar, quien en su libro *El Santo Cáliz: Historia, Ciencia y Fe* (2018), realiza un análisis profundo no solo de los aspectos históricos y arqueológicos del Cáliz de Valencia, sino también de su significado espiritual y cultural a lo largo de los siglos. Rodríguez Almenar aborda la importancia del cáliz como reliquia y su impacto en la identidad religiosa de la ciudad de Valencia, ofreciendo una perspectiva que une el rigor histórico con una reflexión sobre la fe.

Otro enfoque interesante es el proporcionado por estudios recientes en el campo de la arqueometría. Estos estudios, que incluyen técnicas avanzadas como la espectrometría de masas y la datación por carbono, han permitido analizar con mayor precisión los materiales que componen el cáliz. Por ejemplo, una investigación dirigida por el equipo de la Universidad Politécnica de Valencia ha utilizado estas técnicas para confirmar la antigüedad de la copa de ágata, situándola en el primer siglo antes o después de Cristo, lo cual refuerza la hipótesis de que podría haber sido utilizada en el contexto de la Palestina romana.

En cuanto a la historiografía más crítica, expertos como Richard Barber, mencionado anteriormente, siguen manteniendo un enfoque más escéptico. En su obra *The Holy Grail: Imagination and Belief* (2004), Barber sostiene que el culto al Grial en la Edad Media fue un fenómeno cultural que debe entenderse dentro del contexto de las narrativas míticas y caballerescas que proliferaron en Europa occidental. Barber argumenta que, aunque es posible que el Cáliz de Valencia tenga una historia antigua, su identificación como el cáliz de la Última Cena se debe más a una construcción medieval que a una transmisión fiel de la reliquia original.

Por otro lado, el uso de tecnologías de imágenes en 3D y tomografía computarizada en la investigación de reliquias ha permitido un análisis no invasivo del cáliz, brindando detalles que antes eran imposibles de examinar sin dañar el objeto. Estos métodos han revelado la complejidad de la estructura del cáliz, que combina una copa de ágata con una base y añadidos posteriores de oro y piedras preciosas, lo que sugiere que el objeto ha sido modificado y embellecido a lo largo de los siglos.

Desde una perspectiva teológica, estudios como los de Philippe Walter, en *Le Mythe du Graal* (2003), también han influido en la manera en que se aborda el tema del Grial en la historiografía actual. Walter propone que, más allá de la discusión sobre su autenticidad material, el Cáliz debe entenderse como un símbolo vivo de la fe cristiana, cuya relevancia perdura independientemente de la historicidad precisa de su origen.

En resumen, la historiografía contemporánea del Santo Cáliz de Valencia refleja una aproximación multidisciplinaria, en la que los estudios arqueológicos, históricos, literarios y teológicos se entrelazan para ofrecer una comprensión más completa y matizada de este objeto. Los estudios actuales tienden a reconocer tanto su posible valor como reliquia antigua como su importancia cultural y simbólica, lo que subraya su lugar central en la tradición cristiana y en la cultura europea. El Cáliz de Valencia ha pasado de ser una reliquia venerada a un objeto de estudio académico complejo y multidimensional. La historiografía contemporánea, beneficiada por los avances tecnológicos y el enfoque interdisciplinario, ha aportado nuevas perspectivas y un mayor entendimiento de su origen y significado. Si bien el debate sobre su autenticidad sigue abierto, lo que es innegable es que el Santo Cáliz sigue siendo un emblema de la fe, el misticismo y la historia, un objeto que ha inspirado tanto devoción religiosa como análisis científico.

4

Significado religioso y simbólico del Santo Cáliz

El Santo Cáliz, más allá de su carácter físico como reliquia, ha adquirido un significado simbólico profundo a lo largo de la historia cristiana, y en particular, como el Grial de las leyendas medievales. Su asociación con la Última Cena de Cristo y su identificación como el Cáliz que contuvo la sangre de Cristo lo ha convertido en un símbolo de pureza y divinidad dentro de la teología cristiana.

El Grial como símbolo de pureza y divinidad.

En el contexto teológico, el Santo Cáliz es interpretado como el recipiente de la sangre de Cristo, un elemento central en la liturgia eucarística. Para los primeros cristianos, la sangre de Cristo simbolizaba la redención de los pecados y la salvación de la humanidad, un sacrificio divino que marcaba la reconciliación entre Dios y la humanidad. Santo Tomás de Aquino, en su *Suma Teológica*, describe el sacramento de la Eucaristía como "la obra más perfecta del Redentor", haciendo hincapié en que el Cáliz, que contiene la sangre de Cristo, es también un símbolo de esta perfecta redención. El Cáliz, por tanto, no solo es un artefacto histórico, sino un objeto sagrado cargado de un simbolismo espiritual extraordinario.

A lo largo de la Edad Media, el Cáliz fue progresivamente entendido como un símbolo de la pureza moral y espiritual, tal como lo menciona San Bernardo de Claraval, uno de los teólogos más influyentes del siglo XII. En su predicación sobre el Grial, aunque no de manera directa, San Bernardo conectaba la búsqueda de este objeto con la pureza interior y la perfección del alma cristiana. El Santo Cáliz, al ser considerado el recipiente del mayor sacrificio divino, se relacionó con la noción de que solo los más puros y santos eran dignos de alcanzarlo. Esta idea sería la base para el desarrollo de la literatura artúrica, en la que solo el caballero más puro, como Sir Galahad, podía encontrar el Grial.

La importancia del Cáliz como símbolo de la sangre de Cristo también tiene resonancias profundas en la liturgia católica. La consagración del vino como la sangre de Cristo en cada misa es un recordatorio constante de la Pasión y del sacrificio redentor de Cristo. Este acto de transubstanciación hace del Cáliz un símbolo central del acto de redención, que, al ser repetido en cada celebración eucarística, mantiene su relevancia espiritual a lo largo de los siglos.

El Grial como símbolo no solo se limita al acto redentor, sino que ha evolucionado como una metáfora de la pureza, la búsqueda espiritual y la iluminación divina. Durante la Edad Media, el mito del Grial se extendió a través de las leyendas artúricas, donde se transformó en un emblema de la búsqueda del alma cristiana por la comunión directa con lo divino. Las historias de caballeros como Perceval y Galahad en las obras de autores como Chrétien de Troyes y Wolfram von Eschenbach retratan el Grial como un objeto inalcanzable para los impuros, haciendo eco de la enseñanza cristiana de que solo los más santos y rectos pueden tener acceso a la presencia divina.

Es notable que el Santo Cáliz de la Catedral de Valencia, al ser asociado con la Última Cena, comparta este mismo simbolismo en el imaginario religioso. En el contexto medieval, los reyes y las órdenes caballerescas que veneraban reliquias como el Santo Cáliz veían en él un signo de legitimidad divina y de favor espiritual. Este simbolismo trascendió las barreras religiosas y se convirtió en una herramienta de poder político y espiritual.

En tiempos contemporáneos, el Santo Cáliz sigue siendo un símbolo de trascendencia espiritual. Desde un punto de vista teológico, su significado no se ha diluido; al contrario, en un mundo secularizado, su representación como un vínculo con el pasado sagrado es aún más relevante para aquellos que buscan conexión con lo divino. La veneración del Cáliz en la Catedral de Valencia es testimonio de cómo este símbolo sigue siendo central en la espiritualidad cristiana, recordando a los fieles el sacrificio y la promesa de redención a través de Cristo.

Además, el simbolismo del Grial ha permeado la cultura popular, y aunque se ha secularizado en muchos aspectos, el núcleo de su significado como objeto de búsqueda espiritual permanece intacto. En este sentido, autores modernos como Dan Brown en *El Código Da Vinci* han popularizado el mito del Grial como un símbolo de misterios ocultos y búsquedas espirituales que aún resuenan en la mente contemporánea. Sin embargo, la representación de Brown, que se desvía de las interpretaciones tradicionales, también ha avivado el debate sobre el verdadero significado del Grial en el cristianismo.

En definitiva, el Santo Cáliz de Valencia, más allá de su valor como reliquia histórica, ha adquirido un significado simbólico profundo en la teología y la cultura cristiana. Desde la Edad Media hasta nuestros días, ha sido interpretado como un emblema de pureza, divinidad y redención, un símbolo poderoso que sigue inspirando tanto a los fieles como a los académicos en su búsqueda de la verdad y la trascendencia espiritual.

LA RELEVANCIA DEL GRIAL EN LA LITURGIA CRISTIANA.

La conexión entre el Santo Grial y la liturgia cristiana es profunda y multifacética. A lo largo de la historia de la Iglesia, el Cáliz ha sido un objeto central en las celebraciones eucarísticas, uniendo el acto simbólico de la Última Cena con la repetición del sacrificio de Cristo en cada misa. Aunque la figura mítica del Grial ha cautivado la imaginación de los fieles durante siglos, su papel como objeto litúrgico sigue siendo fundamental en la práctica religiosa.

Desde los primeros días del cristianismo, el Cáliz ha sido parte esencial del sacramento de la Eucaristía. Durante la Última Cena, Cristo instituyó el sacramento diciendo: "Este cáliz es la nueva alianza en mi sangre, que es derramada por ustedes" (Lucas 22:20). Desde entonces, el acto de beber del cáliz, que en las misas contiene el vino consagrado, se convirtió en un ritual de comunión íntima con Cristo. El cáliz representa no solo el sacrificio de Cristo en la cruz, sino también la nueva alianza entre Dios y los creyentes, un pacto sellado con la sangre de Cristo.

En este contexto, la importancia del cáliz en la liturgia se fundamenta en su simbolismo teológico. Según Santo Tomás de Aquino, el sacramento de la Eucaristía no solo es una conmemoración de la Pasión, sino también un medio por el cual los creyentes participan activamente en la redención, al recibir el Cuerpo y la Sangre de Cristo. En su obra *Suma Teológica*, Tomás argumenta que el Cáliz es indispensable para el sacramento porque, a través de él, los fieles beben la sangre que purifica y redime.

A lo largo de los siglos, el cáliz ha sido venerado como un objeto sagrado. San Cipriano de Cartago, en el siglo III, ya subrayaba la importancia del cáliz en la liturgia, recordando a los clérigos que debían usar recipientes dignos y sagrados para el vino consagrado. Este énfasis en la sacralidad del cáliz ha perdurado en la historia eclesiástica, y es por eso que la Iglesia siempre ha otorgado un gran valor al cáliz utilizado en la celebración eucarística.

En relación con el Santo Cáliz de Valencia, la tradición sostiene que este fue el cáliz usado por Cristo en la Última Cena, lo que añade una dimensión especial a su papel litúrgico. Durante las celebraciones eucarísticas en la Catedral de Valencia, donde se conserva la reliquia, el Cáliz se presenta como el centro del rito, permitiendo a los fieles experimentar una conexión directa con la Pasión de Cristo.

El uso del cáliz en la liturgia cristiana ha evolucionado a lo largo de los siglos, adaptándose a los cambios teológicos y litúrgicos, pero manteniendo su esencia simbólica. En las primeras comunidades cristianas, el cáliz solía ser de materiales sencillos, debido a las limitaciones económicas y la persecución que enfrentaban los primeros fieles. Sin embargo, con la oficialización del cristianismo bajo el emperador Constantino en el siglo IV, los cálices comenzaron a fabricarse con materiales preciosos como el oro y la plata, adornados con gemas y símbolos cristianos.

Durante la Edad Media, el simbolismo del cáliz se intensificó. Con el auge del culto a las reliquias, los cálices comenzaron a ser vistos no solo como herramientas litúrgicas, sino como representaciones tangibles de la santidad y la presencia de Cristo en la misa. La reliquia del Santo Cáliz de Valencia, como supuesto cáliz de la Última Cena, encarnaba este doble valor: como objeto sagrado de veneración y como elemento central de la Eucaristía.

Un ejemplo notable de esta importancia del cáliz en la liturgia medieval se encuentra en la famosa obra *De sacramentis* de Hugo de San Víctor, un teólogo del siglo XII, que describe cómo el Cáliz simboliza el sacrificio de Cristo y su derramamiento de sangre por la humanidad. Hugo señala que la consagración del vino en el Cáliz refleja el derramamiento de la sangre de Cristo, y por lo tanto, el cáliz se convierte en un medio por el cual los fieles participan en el sacrificio redentor de la cruz. Con el tiempo, la Iglesia estableció normas estrictas sobre el uso de cálices en la misa. En el Concilio de Trento (1545-1563), se confirmó la doctrina de la transubstanciación, es decir, la creencia de que el vino consagrado en el cáliz se convierte en la verdadera sangre de Cristo. Esta doctrina, que sigue siendo central en la liturgia católica, refuerza la importancia del cáliz en la misa, al ser el recipiente de la sangre consagrada. A raíz del concilio, los cálices litúrgicos adquirieron una relevancia aún mayor, y su diseño y uso fueron regulados para que fueran dignos del acto que representaban.

En tiempos más recientes, el cáliz sigue siendo un símbolo poderoso en la liturgia, aunque algunos aspectos de su uso han cambiado. En el Concilio Vaticano II (1962-1965), se fomentó la práctica de que los fieles laicos pudieran también recibir el vino consagrado en el cáliz durante la comunión, una tradición que había sido menos común en la

Iglesia Católica desde el Medioevo. Este gesto no solo profundiza la participación de los fieles en el sacramento, sino que también subraya el simbolismo inclusivo del cáliz como un vehículo de la gracia divina para todos los creyentes.

Por último, el cáliz, y en especial el Santo Cáliz de Valencia, sigue siendo objeto de veneración y símbolo litúrgico de gran poder espiritual. Durante los siglos, su presencia en la Catedral ha sido motivo de peregrinación para fieles de todo el mundo, quienes ven en él no solo un objeto de historia, sino una conexión viva con la fe y la salvación prometida por Cristo.

Como símbolo de la sangre de Cristo y como elemento central de la Eucaristía, el cáliz ha trascendido su función material para convertirse en un icono espiritual y litúrgico que conecta a los fieles con el misterio divino del sacrificio y la redención. El Santo Cáliz de Valencia, en particular, representa la unión perfecta entre la tradición histórica y el fervor religioso que ha caracterizado el cristianismo desde sus primeros días.

INTERPRETACIONES SIMBÓLICAS EN LA ICONOGRAFÍA CRISTIANA.

El Santo Grial, como uno de los símbolos más poderosos del cristianismo, ha sido interpretado y representado de múltiples formas en la iconografía cristiana a lo largo de los siglos. Las representaciones del Grial en el arte, tanto en la pintura como en la escultura, no solo reflejan la dimensión histórica y religiosa del objeto, sino también su evolución simbólica a medida que el Grial se entrelazaba con la tradición, la leyenda y la espiritualidad. Desde las primeras representaciones medievales hasta su uso en el arte contemporáneo, el Grial ha simbolizado pureza, divinidad, poder espiritual y redención.

El Santo Grial ha sido un tema recurrente en la pintura y escultura cristiana, especialmente en los siglos posteriores a la aparición de los romances artúricos, donde el Grial adquirió una relevancia mítica en el imaginario europeo. Uno de los primeros ejemplos en la historia del arte que representa la figura del Grial se encuentra en las miniaturas medievales que ilustraban los manuscritos de los romances caballerescos. Estas miniaturas frecuentemente mostraban escenas del Grial, como la búsqueda por parte de los caballeros de la Mesa Redonda o la revelación del Grial ante los héroes más puros, como Galahad o Perceval.

En las representaciones religiosas más tempranas, el Grial aparece a menudo en escenas de la Última Cena, como un simple cáliz utilizado por Cristo. Estas primeras imágenes, especialmente las que datan del arte paleocristiano y bizantino, presentan el cáliz sin las connotaciones míticas que adquiriría más adelante, siendo simplemente parte de los utensilios litúrgicos utilizados en la representación del sacrificio eucarístico.

El célebre fresco de la *Última Cena* de Leonardo da Vinci (1495-1498), aunque no representa específicamente el Santo Grial en términos legendarios, es un ejemplo icónico del cáliz en su papel en la liturgia cristiana. El cáliz aquí aparece como un objeto cotidiano, pero cargado de una enorme significación sacramental.

En la Edad Media, con la propagación de la leyenda artúrica, el Grial comenzó a ser representado no solo en escenas de la Última Cena, sino también en visiones místicas y búsquedas caballerescas. Por ejemplo, en las vidrieras góticas de muchas catedrales europeas, el Grial aparece en manos de ángeles o santos, como un símbolo de la gracia divina y la recompensa celestial. En la Catedral de Chartres, por ejemplo, una de las vidrieras representa a Cristo ofreciendo el cáliz a los fieles, lo que refleja el simbolismo del Grial como la fuente de la salvación eterna.

Un aspecto notable en la iconografía del Grial es su evolución desde un simple cáliz litúrgico hasta un objeto místico, asociado con visiones celestiales y la pureza espiritual. Jean Fouquet, un pintor francés del siglo XV, es un buen ejemplo de este cambio de enfoque, en su obra "La Aparición del

Santo Grial", donde el Grial se convierte en un objeto envuelto en luz divina, separado de los elementos terrenales. Estas representaciones hacen eco de las visiones místicas que aparecen en obras literarias como el *Perceval* de Chrétien de Troyes o el *Parzival* de Wolfram von Eschenbach.

El simbolismo del Grial en el arte religioso no ha permanecido estático, sino que ha experimentado una evolución a medida que la teología y la espiritualidad cristiana han cambiado a lo largo de los siglos. Durante la Alta Edad Media, el Grial fue representado principalmente como un objeto de poder espiritual, un recipiente sagrado que contenía la sangre de Cristo y que simbolizaba la gracia divina reservada para los dignos. Esta asociación entre el Grial y la sangre de Cristo es uno de los puntos clave en su simbolismo, y está estrechamente vinculada a la doctrina de la transubstanciación.

Con el Renacimiento, el simbolismo del Grial se diversificó. En este periodo, el arte comenzó a alejarse de las representaciones puramente religiosas para abrazar un enfoque más humanista y simbólico. En algunas obras del Renacimiento, como las de Hieronymus Bosch, el Grial aparece en un contexto más alegórico, representando la búsqueda de la pureza espiritual en un mundo caótico y lleno de tentaciones. El Grial se convierte, en estos casos, en un símbolo del ideal humano de trascender las limitaciones terrenales para alcanzar lo divino.

El Barroco, por otro lado, trajo consigo un resurgimiento del simbolismo cristiano más ortodoxo, y el Grial fue retratado nuevamente como un objeto central de la liturgia y la devoción. Los artistas barrocos, como Rubens o Zurbarán, incluyeron cálices esplendorosos en sus escenas religiosas, destacando el aspecto sacrificial y redentor del Grial. En sus obras, el Grial no es solo un objeto litúrgico, sino también un signo de la majestad y la omnipresencia divina.

Ya en la modernidad, el Grial ha seguido siendo objeto de fascinación tanto en el arte religioso como en el secular. En el siglo XIX, el movimiento prerrafaelita en Inglaterra, liderado por artistas como Dante Gabriel Rossetti y Edward Burne-Jones, retomó la figura del Grial en sus obras, inspirados por el redescubrimiento del romanticismo medieval. En sus pinturas, el Grial vuelve a aparecer como un símbolo de pureza, pero también como un objeto de búsqueda personal, en consonancia con el ideal caballeresco y místico de la era medieval.

Un caso emblemático del arte contemporáneo es la obra del artista español Salvador Dalí, quien, en su fase mística de los años 50, incluyó referencias al Grial en algunas de sus obras. En su famosa pintura "El Sacramento de la Última Cena" (1955), Dalí transforma el cáliz en un objeto cósmico, un portal entre lo terrenal y lo divino, mostrando cómo el Grial sigue siendo un símbolo abierto a múltiples interpretaciones.

A lo largo de la historia, el Santo Grial ha sido un objeto central en la iconografía cristiana, representado de diversas maneras que reflejan tanto su importancia litúrgica como su poder simbólico. Desde los primeros frescos bizantinos hasta las obras contemporáneas, el Grial ha servido como un poderoso vehículo de expresión artística, encarnando ideas de pureza, redención y la búsqueda de lo divino. En su evolución, el Grial no solo ha sido un objeto sagrado, sino también un símbolo que ha trascendido las barreras del tiempo y del espacio, permaneciendo relevante tanto en el arte religioso como en el arte secular.

LA DEVOCIÓN POPULAR AL SANTO CÁLIZ DE VALENCIA.

La devoción popular hacia el Santo Cáliz de Valencia ha perdurado durante siglos, consolidándose como un símbolo de profunda fe y tradición tanto para la ciudad como para muchos fieles de todo el mundo. Este cáliz, que algunos historiadores y estudiosos consideran como el auténtico recipiente usado por Jesucristo en la Última Cena, ha sido objeto de veneración y culto desde su llegada a Valencia en el siglo XV. A lo largo del tiempo, la reliquia ha suscitado celebraciones, peregrinaciones y manifestaciones de devoción, que aún hoy se mantienen vivas.

La festividad principal en torno al Santo Cáliz es la Fiesta del Santo Cáliz, que se celebra el último jueves de octubre desde su institucionalización en el año 1916. Esta fiesta es uno de los momentos de mayor concentración de fieles, y durante la misma, la reliquia es trasladada al altar mayor de la Catedral de Valencia para una solemne misa. La tradición litúrgica en esta celebración recuerda la conexión del cáliz con la Eucaristía, un sacramento central en la fe católica, y simboliza el sacrificio de Cristo por la humanidad. En la actualidad, esta fiesta sigue atrayendo a miles de fieles de todo el mundo, además de contar con la presencia de autoridades locales y nacionales.

A lo largo del año, el Santo Cáliz está expuesto en la Capilla del Santo Cáliz, ubicada dentro de la Catedral de Valencia. Este espacio se convierte en un centro de devoción permanente, donde los fieles pueden acercarse a rezar y rendir homenaje a la reliquia. Durante la Semana Santa y en fechas significativas como la fiesta de Corpus Christi, el cáliz adquiere un especial protagonismo en las celebraciones litúrgicas.

La procesión del Santo Cáliz es otra de las manifestaciones religiosas más importantes de la ciudad. Esta procesión, que se lleva a cabo durante la Semana Santa o en la misma fiesta de octubre, recorre las calles del casco antiguo de Valencia. El paso del cáliz, acompañado de los rezos y cánticos de los devotos, es un evento cargado de emoción y fervor. Las crónicas históricas relatan que, desde tiempos del Rey Alfonso V de Aragón, se utilizaba el cáliz en ceremonias solemnes como la jura de reyes y actos de especial relevancia, lo que subraya su importancia como símbolo tanto religioso como cultural.

A lo largo de los siglos, los testimonios de fieles y peregrinos han consolidado la fama del Santo Cáliz no solo como una reliquia histórica, sino como un objeto que inspira una profunda conexión espiritual. Uno de los primeros documentos que mencionan la devoción popular hacia el Santo Cáliz es la crónica del arzobispo Juan de Ribera, quien durante el siglo XVI promovió su culto y resaltó la relevancia del cáliz en las ceremonias eucarísticas. Este arzobispo consideraba que la presencia del cáliz en Valencia fortalecía la fe de los fieles y motivaba peregrinaciones desde distintos puntos del país.

Entre los fieles contemporáneos, abundan los relatos de experiencias espirituales profundas al estar en contacto con la reliquia. José María Reig Pla, arzobispo de Valencia entre 1999 y 2009, recogió diversos testimonios de personas que aseguran haber sentido una renovación de su fe al participar en las celebraciones en honor al Santo Cáliz. Algunos relatos destacan que, al orar ante el cáliz, los devotos experimentan una sensación de paz interior y consuelo, una vivencia que es descrita como trascendente y transformadora. Numerosos peregrinos también aseguran haber recibido favores y milagros por intercesión del Santo Cáliz. La tradición oral ha transmitido historias de sanación y de protección atribuidas a la devoción a esta reliquia.

Durante la Guerra Civil Española (1936-1939), por ejemplo, se cuenta que el Santo Cáliz fue ocultado en una casa de campo para protegerlo de la destrucción, y que su conservación milagrosa fue vista como un signo de la protección divina sobre el pueblo valenciano. Además, en fechas más recientes, peregrinos afirman haber experimentado curaciones físicas tras orar ante la reliquia, reforzando su creencia en el poder de la devoción al cáliz.

El Santo Cáliz de Valencia ha sido objeto de estudios históricos y arqueológicos que han intentado verificar su autenticidad. Históricamente, el cáliz ha sido mencionado en documentos desde el siglo XI, cuando fue trasladado desde el Monasterio de San Juan de la Peña en Aragón a distintos lugares, hasta llegar finalmente a Valencia en 1437 por orden del rey Alfonso V el Magnánimo. Desde entonces, se ha conservado en la Catedral de Valencia, salvo contadas ocasiones, como durante la Guerra Civil Española, cuando fue ocultado para evitar su destrucción.

La devoción al Santo Cáliz de Valencia es una expresión de fe profundamente enraizada en la historia y cultura de la ciudad. Las celebraciones y las peregrinaciones asociadas a esta reliquia mantienen vivo el fervor popular, mientras que los testimonios de los fieles refuerzan la creencia en el poder espiritual del cáliz. A través de los siglos, el Santo Cáliz ha transcendido el ámbito local para convertirse en un símbolo de fe universal, atrayendo a devotos de todas partes del mundo en busca de consuelo, sanación y una conexión más profunda con su fe.

5

El Santo Grial en la cultura y tradición española

La figura del Santo Grial, como símbolo de espiritualidad y misterio, ha desempeñado un papel crucial en la cultura y la tradición de la región valenciana. Desde su llegada a la Catedral de Valencia en el siglo XV, el Santo Cáliz ha inspirado no solo fervor religioso, sino también una rica tradición de leyendas, relatos orales y manifestaciones culturales que forman parte de la identidad colectiva de la ciudad y la región. En este capítulo, se analizarán las leyendas y tradiciones que giran en torno al Santo Grial en Valencia y su influencia en la identidad cultural valenciana.

EL SANTO GRIAL EN LA CULTURA POPULAR VALENCIANA.

Las leyendas populares sobre el Santo Grial en Valencia están profundamente entrelazadas con la historia y la devoción religiosa. Aunque no todas estas leyendas tienen un fundamento histórico verificable, han sido transmitidas de generación en generación, creando una rica narrativa en torno a esta reliquia sagrada.

Una de las leyendas más conocidas es la que asocia al Santo Grial con el Monasterio de San Juan de la Peña en Aragón, desde donde, según la tradición, fue traído a Valencia en 1437 por órdenes del rey Alfonso V de Aragón. Esta historia ha contribuido a consolidar la idea de que el cáliz no solo es una reliquia religiosa, sino también un objeto de gran importancia para la historia y el patrimonio de la región.

Otra leyenda valenciana cuenta que el Santo Grial, al llegar a la ciudad, fue acogido con tal reverencia que los habitantes se comprometieron a protegerlo a cualquier costo. Se dice que en tiempos de adversidad o guerra, los valencianos acudían al cáliz en busca de protección divina, y que en varias ocasiones milagros fueron atribuidos a la intercesión de la reliquia. Esta leyenda destaca la veneración popular y la fe en el poder protector del Grial, algo que sigue presente en la devoción actual de muchos valencianos.

También es común encontrar relatos de caballeros medievales y monarcas que, influenciados por el simbolismo del Grial, buscaban no solo un artefacto físico, sino una purificación espiritual.

En este contexto, Valencia se convirtió, simbólicamente, en una especie de nuevo Camelot, un lugar donde lo sagrado y lo legendario convergían. Una de las tradiciones más curiosas asociadas al Santo Grial en Valencia es la creencia de que este objeto puede conceder favores a aquellos que rezan con devoción ante él. Algunos devotos relatan historias de curaciones milagrosas y cambios drásticos en sus vidas personales después de haber pedido la intercesión del Grial. Esta tradición ha dado pie a peregrinaciones constantes, y ha cimentado el lugar de Valencia como un centro espiritual en el imaginario colectivo de los fieles.

El Santo Grial ha influido significativamente en la identidad cultural de Valencia, convirtiéndose en un emblema no solo de fe religiosa, sino también de orgullo local. El hecho de que la ciudad de Valencia sea el hogar de una reliquia de tal importancia ha sido motivo de inspiración para numerosos aspectos de la vida cultural valenciana, desde la literatura y las artes hasta las festividades populares.

En primer lugar, la historia del Grial se entrelaza con la idea de protección divina sobre la ciudad. A lo largo de los siglos, muchas generaciones de valencianos han considerado que la presencia del Santo Cáliz en la catedral otorga una bendición especial a la región. Esta creencia no solo ha fortalecido la devoción religiosa, sino que también ha consolidado una identidad colectiva, en la que el Grial simboliza el espíritu indomable y la resistencia del pueblo valenciano frente a las adversidades.

Un ejemplo tangible de cómo el Grial ha permeado la cultura valenciana es la literatura. Autores valencianos han utilizado la leyenda del Grial como inspiración para sus obras. Poetas y escritores como Vicente Blasco Ibáñez, aunque no dedicaron sus trabajos directamente al Santo Grial, plasmaron en sus escritos el espíritu de búsqueda de algo sagrado y superior, un ideal que resonaba con la importancia del Grial en la tradición local. Por otro lado, obras más recientes de autores locales han reinterpretado la leyenda del Grial en un contexto contemporáneo, fusionando el mito con elementos de la cultura popular moderna.

Además, el Santo Grial se ha convertido en un símbolo turístico y cultural clave para Valencia. Las visitas al cáliz en la Catedral de Valencia son un atractivo importante para los peregrinos y turistas que desean ver la reliquia. De hecho, muchos visitantes consideran el Grial como uno de los elementos distintivos de la ciudad, junto con otros símbolos históricos y culturales.

Las rutas turísticas basadas sobre el "Camino del Grial" conectan varios puntos significativos relacionados con el Santo Cáliz, desde los Pirineos hasta Valencia, posicionando la ciudad como la culminación de un viaje espiritual y cultural.

Las fiestas y procesiones en torno al Santo Grial también reflejan su importancia cultural. La Fiesta del Santo Cáliz es un evento anual en el que la reliquia es venerada con gran solemnidad y se celebran misas, procesiones y eventos culturales. Estas celebraciones no solo tienen un carácter religioso, sino que también actúan como eventos de cohesión comunitaria, donde la identidad valenciana se reafirma en torno a la reliquia.

El Grial también ha influido en la iconografía local, apareciendo en obras de arte, sellos, y escudos de armas de distintas instituciones valencianas, convirtiéndose en un símbolo de la ciudad y la región. Incluso en el fútbol, el club local Valencia CF ha sido representado en algunas ocasiones con imágenes alusivas al Grial, destacando su relevancia cultural.

El Santo Grial ha desempeñado un papel integral en la formación de la identidad cultural de Valencia. Más allá de su importancia como reliquia religiosa, ha alimentado leyendas, inspirado tradiciones y se ha consolidado como un símbolo de orgullo y unidad para los valencianos. Desde las leyendas que lo envuelven hasta su impacto en las artes y las festividades, el Grial sigue siendo una parte esencial de la vida cultural y espiritual de la región, y su legado continúa enriqueciéndose con el paso del tiempo.

El Santo Grial ha sido un elemento central en la vida religiosa y cultural de Valencia, no solo por su valor espiritual, sino también por la influencia que ha tenido en las festividades y celebraciones de la región. Estas manifestaciones de fe y devoción no solo rinden homenaje al cáliz, sino que también han dejado una huella profunda en la identidad colectiva de los valencianos, consolidándose como parte fundamental de su herencia religiosa y cultural.

FESTIVIDADES RELIGIOSAS Y EVENTOS HISTÓRICOS RELACIONADOS CON EL GRIAL.

Una de las festividades más importantes relacionadas con el Santo Cáliz es la Fiesta del Santo Cáliz, celebrada el último jueves de octubre. Instituida oficialmente en 1916 por el papa Benedicto XV, esta fiesta rinde homenaje al cáliz con una solemne eucaristía en la Catedral de Valencia.

La celebración incluye la exposición del Santo Cáliz durante la misa, lo que permite a los fieles venerar de cerca la reliquia. Durante esta festividad, la Catedral se convierte en el epicentro de la devoción, recibiendo a miles de personas, entre ellas fieles, clérigos, y autoridades locales y nacionales, que se congregan para rendir tributo a una de las reliquias más veneradas de la cristiandad.

La Semana Santa en Valencia también tiene un enfoque particular en el Santo Cáliz, aunque en esta ocasión se celebra de manera más amplia dentro del contexto de la Pasión de Cristo. La Semana Santa en la ciudad se caracteriza por diversas procesiones que recuerdan los últimos días de la vida de Jesús, y en algunas de ellas se destaca la relación del cáliz con la Última Cena. Durante estas celebraciones, los feligreses se acercan a la catedral para venerar el cáliz y meditar sobre el sacrificio de Cristo, en una profunda conexión espiritual que entrelaza el misterio eucarístico con la Pasión.

Históricamente, el Santo Cáliz también ha sido protagonista de eventos de gran importancia. Por ejemplo, se utilizó en 1437 en la ceremonia de recepción de la reliquia en Valencia, una ocasión que marcó el inicio de la devoción oficial en la ciudad. En 1959, se organizó una magna procesión para conmemorar el 500 aniversario de su llegada a la catedral. Estos eventos no solo han servido como expresiones de fe, sino también como hitos históricos que han reforzado la conexión entre el Grial y la ciudad de Valencia.

En años más recientes, el Santo Cáliz adquirió relevancia internacional cuando el papa Juan Pablo II celebró una misa utilizando el cáliz durante su visita a Valencia en noviembre de 1982, evento que atrajo la atención del mundo católico hacia la reliquia. La misa, celebrada en el estadio de Mestalla, congregó a miles de fieles, lo que reforzó la significación del Grial no solo como reliquia local, sino como un símbolo de la fe global.

Las procesiones y actos devocionales asociados al Santo Grial en Valencia son numerosos, reflejando la intensa conexión de la ciudad con esta reliquia. La procesión del Santo Cáliz, que se realiza en el marco de la Fiesta del Santo Cáliz, es uno de los eventos más destacados y tradicionales. Durante esta procesión, el cáliz es llevado en un recorrido solemne por las calles del centro histórico de Valencia, acompañado por autoridades eclesiásticas, fieles y bandas de música que entonan himnos religiosos. La procesión representa un momento de gran emotividad, donde los devotos pueden acercarse al cáliz en un ambiente de recogimiento espiritual y fervor popular.

Además de la procesión anual, el cáliz también es objeto de veneración durante las romerías, especialmente en la Catedral de Valencia. Durante el año, los feligreses, tanto locales como peregrinos que llegan de otras regiones, acuden en romería a la Capilla del Santo Cáliz, donde se exhibe la reliquia. En este espacio de gran recogimiento, se celebran misas especiales y actos de oración, que incluyen la oportunidad de acercarse al cáliz y pedir por intenciones particulares.

Otro de los actos devocionales importantes es el besamanos al Santo Cáliz, una práctica antigua que permite a los fieles mostrar su devoción directa a la reliquia. Durante ciertos días festivos, se organiza este acto litúrgico en el que los asistentes pueden pasar frente al cáliz, postrarse en señal de respeto y recibir una bendición especial. Este acto tiene una gran importancia para los creyentes, quienes ven en el contacto simbólico con el cáliz una forma de reafirmar su fe y recibir gracia espiritual.

En los Corpus Christi, otra de las fiestas religiosas importantes de Valencia, el Santo Cáliz también tiene un papel relevante. En esta festividad, que celebra la presencia real de Cristo en la Eucaristía, la reliquia se convierte en símbolo de la institución del sacramento en la Última Cena. Durante la procesión del Corpus, el cáliz es uno de los elementos más venerados, y su paso por las calles del casco antiguo de la ciudad es seguido por multitudes que participan en el desfile religioso.

Por último, no se puede olvidar la dimensión turística y cultural de las celebraciones en torno al cáliz. Como hemos señalado ya, las rutas turísticas del Camino del Santo Grial, que conectan varios puntos históricos asociados con la reliquia, son parte de la oferta cultural de la ciudad. Estas rutas no solo permiten a los peregrinos seguir el recorrido espiritual del Grial, sino que también conectan la tradición religiosa con la historia, el arte y la cultura de la región valenciana. Este camino tiene una gran popularidad y es parte de un esfuerzo más amplio por promocionar Valencia como destino espiritual, en sintonía con otras grandes rutas religiosas europeas, como el Camino de Santiago.

Las fiestas y celebraciones relacionadas con el Santo Cáliz en Valencia no solo son actos religiosos de gran devoción, sino también eventos que refuerzan la identidad cultural de la ciudad y la región. Desde las procesiones solemnes hasta las romerías y misas en la Catedral de Valencia, la presencia del Santo Cáliz ha generado un calendario de festividades que marcan profundamente la vida espiritual y social de los valencianos. Estas celebraciones, enraizadas en siglos de tradición, siguen atrayendo a devotos y peregrinos de todo el mundo, consolidando al cáliz como un símbolo de fe y unidad, tanto en el contexto religioso como cultural de la región.

El Santo Cáliz en la literatura y el arte español.

El Santo Cáliz de Valencia ha dejado una marca indeleble en la literatura y el arte de la Península Ibérica. Su misterio, espiritualidad y conexión con la tradición cristiana lo han convertido en una fuente inagotable de inspiración para escritores, poetas, pintores y escultores a lo largo de los siglos. En este capítulo se analizarán las representaciones literarias y artísticas del Santo Cáliz en España y su influencia en la cultura española desde la Edad Media hasta la actualidad.

La leyenda del Santo Grial, que engloba al Santo Cáliz de Valencia, ha tenido un impacto considerable en la literatura española, sobre todo en la tradición medieval de los romances caballerescos. Aunque las primeras referencias literarias al Grial provienen de los relatos artúricos en el norte de Europa, esta leyenda pronto se extendió a la Península Ibérica, donde fue reinterpretada y adaptada por escritores locales.

Uno de los primeros textos que aborda el tema del Grial en España es el *Libro del caballero Zifar*, escrito en el siglo XIV, que mezcla elementos religiosos y caballerescos con un trasfondo de búsqueda espiritual. Si bien no menciona explícitamente al Santo Cáliz de Valencia, la idea de una reliquia sagrada que otorga bendiciones y favores está presente, lo que refleja la influencia de la leyenda del Grial en la literatura española.

Durante el Renacimiento, escritores como Miguel de Cervantes hicieron referencias indirectas al Grial en sus obras. En *Don Quijote de la Mancha*, Cervantes introduce la figura de los caballeros errantes que buscan ideales inalcanzables, evocando la estructura clásica de las búsquedas del Grial. Aunque la obra de Cervantes no se centra en el Santo Cáliz, su tratamiento de la búsqueda espiritual y la pureza de corazón puede verse como una alusión a los valores representados por el Grial en la literatura caballeresca.

En el siglo XX, la literatura española contemporánea también retomó el mito del Grial. Ramón Pérez de Ayala, en su novela *Tigre Juan* (1926), explora temas como la redención y la búsqueda de lo sagrado, temas que resuenan con las leyendas del Grial y su representación en la cultura popular.

De manera similar, Vicente Blasco Ibáñez, uno de los grandes escritores valencianos, no escribió específicamente sobre el Santo Cáliz, pero en sus novelas se percibe un sentido de orgullo y conexión con la historia y tradiciones de la ciudad, elementos que incluyen la veneración del cáliz como parte de la identidad local.

El Santo Cáliz ha sido representado en numerosas obras de arte en la Península Ibérica, tanto en pinturas como en esculturas y otras manifestaciones visuales. Su influencia en el arte se remonta a la Edad Media, cuando las iglesias y monasterios comenzaron a producir imágenes de la Última Cena que incluían al Santo Cáliz, representando su papel central en la Eucaristía. Estas imágenes no solo subrayaban la importancia litúrgica del cáliz, sino que también consolidaban su lugar en la devoción popular.

Uno de los primeros artistas españoles en plasmar el cáliz en sus obras fue Juan de Juanes, destacado pintor renacentista valenciano del siglo XVI. Su famosa obra *La Última Cena*, que se encuentra en el Museo del Prado, representa a Cristo con un cáliz en el centro de la mesa, similar al Santo Cáliz de Valencia.

Este cuadro ha sido considerado una representación icónica de la conexión entre el arte religioso y la veneración de la reliquia en Valencia. De hecho, la similitud del cáliz pintado con el real en la Catedral de Valencia refuerza la teoría de que Juan de Juanes tomó como referencia la reliquia misma para su obra.

En la escultura, muchos artistas han recurrido al Santo Cáliz como inspiración. Durante el periodo barroco, escultores como Francisco Salzillo crearon retablos y altares donde el Santo Cáliz aparece en manos de Cristo o los apóstoles. En la imaginería religiosa española, especialmente en la de Valencia, la iconografía del cáliz se integró en altares, custodias y orfebrería eclesiástica, reafirmando la importancia de la reliquia en el imaginario visual de los fieles.

Más recientemente, artistas contemporáneos han reinterpretado el Santo Cáliz en obras de arte modernas. El pintor valenciano Manuel Boix, por ejemplo, ha abordado el tema del Grial en algunas de sus obras, explorando su simbolismo y su relación con la espiritualidad en el contexto de la sociedad moderna. Estas representaciones no solo mantienen viva la relevancia del cáliz en el arte español, sino que también reinterpretan su significado en el marco del mundo contemporáneo.

La influencia del Santo Cáliz en la cultura española se ha manifestado de manera profunda y duradera a lo largo de los siglos. Más allá de su representación en el arte y la literatura, el cáliz ha sido un símbolo de unidad religiosa y orgullo cultural en la región valenciana, y por extensión, en toda España.

En la Edad Media, la creencia en la presencia de una reliquia tan importante en Valencia contribuyó a posicionar a la ciudad como un centro de peregrinación en el mundo cristiano, similar a otros lugares sagrados como Santiago de Compostela. Este prestigio espiritual consolidó la identidad valenciana y fortaleció la relación entre la religión y el poder político. En este contexto, la custodia del Santo Cáliz por parte de la catedral se percibía como un símbolo de legitimidad y bendición divina.

A nivel cultural, la iconografía del Grial ha influido en la creación de mitos y leyendas en España. Si bien el Grial en sus versiones más míticas está relacionado con las leyendas artúricas, en España ha sido reinterpretado como el Santo Cáliz de Valencia, un objeto sagrado tangible, cargado de una historia milenaria. Esta visión ha influido en las formas de expresión cultural, desde las festividades religiosas hasta las manifestaciones artísticas y literarias.

El Santo Cáliz también ha jugado un papel importante en la política y la diplomacia españolas. A lo largo de la historia, ha sido utilizado en ceremonias estatales, como las juras de reyes y la consagración de eventos nacionales importantes, reforzando su simbolismo como protector de la monarquía y del estado español.

El Santo Cáliz de Valencia ha dejado una huella profunda en la literatura, el arte y la cultura española. A través de las representaciones literarias en romances caballerescos y en la literatura contemporánea, así como en las pinturas renacentistas y modernas, esta reliquia ha influido en la percepción y construcción de una identidad religiosa y cultural en España. Su presencia en la Catedral de Valencia no solo ha fomentado una devoción religiosa constante, sino que también ha consolidado su lugar en el imaginario artístico y literario, siendo un símbolo de espiritualidad, historia y orgullo cultural.

El impacto del Grial en la identidad religiosa de Valencia.

El Santo Cáliz de Valencia, venerado por muchos como el cáliz utilizado por Jesucristo en la Última Cena, ha tenido un impacto profundo en la identidad religiosa de la ciudad. Más allá de su valor como reliquia, se ha convertido en un emblema espiritual y cultural que conecta a la comunidad valenciana con su historia, fe y tradición. Este capítulo aborda el papel del Santo Cáliz en la configuración de la identidad religiosa de Valencia y su relevancia en la historia espiritual de la ciudad.

Desde su llegada a la Catedral de Valencia en 1437, el Santo Cáliz se ha posicionado como uno de los símbolos más poderosos de la espiritualidad y la cultura valenciana. Para los fieles locales, esta reliquia no es solo un objeto sagrado, sino un símbolo tangible de su conexión directa con los orígenes del cristianismo. El cáliz, que según la tradición fue el recipiente utilizado por Cristo en la Última Cena, representa la institución de la Eucaristía, el sacramento central del catolicismo.

A nivel espiritual, el Santo Cáliz actúa como un símbolo de unidad y fe para la comunidad valenciana. En tiempos de crisis o adversidad, muchos han visto en el cáliz un faro de esperanza, al que recurren en busca de protección y bendiciones. Este papel protector es parte del tejido espiritual de la ciudad, ya que el cáliz se considera un instrumento de intercesión divina. Su veneración no solo ha fortalecido la fe católica en Valencia, sino que también ha dado lugar a tradiciones devocionales y culturales que aún perduran hoy en día.

Además de su significado religioso, el Santo Cáliz también ha sido adoptado como un emblema cultural de Valencia. La identidad cultural valenciana está profundamente marcada por su historia cristiana y su conexión con el cáliz.

El cáliz ha inspirado desde fiestas populares y procesiones hasta la producción artística, literaria y musical. La importancia de esta reliquia ha trascendido el ámbito religioso para convertirse en un símbolo del orgullo y la herencia de los valencianos. Como reliquia, el Santo Cáliz no solo es parte de la vida litúrgica, sino también de la vida cívica de la ciudad, presente en celebraciones locales y estatales de gran relevancia.

La historia religiosa de Valencia está estrechamente ligada a la presencia del Santo Cáliz en su catedral. La llegada del cáliz a la ciudad en el siglo XV, durante el reinado de Alfonso V el Magnánimo, no solo fue un evento religioso de gran importancia, sino que también marcó un punto de inflexión en la relación entre la Iglesia y la ciudad. Desde ese momento, Valencia se convirtió en un destino clave para los peregrinos que buscaban venerar esta reliquia, lo que consolidó su reputación como uno de los centros espirituales más importantes de España.

Durante los siglos siguientes, el Santo Cáliz ha jugado un papel destacado en los momentos más significativos de la historia religiosa de Valencia. A lo largo del Renacimiento y el Barroco, la ciudad vivió un auge de la espiritualidad y del arte sacro, con el cáliz como uno de los elementos centrales de esta vida religiosa. Fue utilizado en numerosas ceremonias solemnes, como la jura de nuevos arzobispos y reyes, lo que refuerza su valor simbólico como una fuente de legitimidad religiosa y política.

Uno de los momentos históricos más relevantes para la devoción al Santo Cáliz en Valencia fue durante la Guerra Civil Española (1936-1939). En ese tiempo, la reliquia fue cuidadosamente escondida por los fieles para evitar su destrucción, un acto que subraya su inmenso valor para la comunidad valenciana. Después de la guerra, su recuperación fue vista como un signo de resiliencia y fe, uniendo a la ciudad en torno a su reliquia más sagrada.

En tiempos modernos, la importancia del Santo Cáliz ha sido reconocida por la Iglesia a nivel global. En 1982, el papa Juan Pablo II utilizó el cáliz durante una misa multitudinaria en Valencia, lo que reafirmó su relevancia no solo para la ciudad, sino también para el catolicismo internacional. Esta misa marcó un punto culminante en la visibilidad del cáliz como símbolo de la fe católica y reafirmó la importancia de Valencia como guardiana de esta reliquia.

El Santo Cáliz de Valencia ha tenido un impacto duradero en la identidad religiosa de la ciudad. Como emblema espiritual, ha sido fuente de fe, esperanza y unidad para los valencianos a lo largo de los siglos. Su papel en la historia religiosa de la ciudad ha sido central, desde su llegada en el siglo

XV hasta su veneración en la actualidad, pasando por momentos históricos clave en los que el cáliz ha actuado como símbolo de resistencia y espiritualidad. En definitiva, el Santo Cáliz no solo representa un vínculo tangible con la tradición cristiana, sino que también es un pilar fundamental de la identidad religiosa y cultural de Valencia.

6

La Importancia del Santo Cáliz en la Catedral de Valencia

El Santo Cáliz de Valencia ha adquirido una relevancia aún mayor en tiempos contemporáneos, convirtiendo a la ciudad en un centro de devoción religiosa y espiritual. La veneración de esta reliquia ha atraído a miles de peregrinos de todo el mundo, consolidando a Valencia como un punto clave en las rutas de peregrinación. Este capítulo explorará cómo el Santo Cáliz se ha posicionado como un destino de peregrinación contemporáneo, analizando el papel de la reliquia en el fortalecimiento de la fe y en la promoción del turismo espiritual.

EL SANTO CÁLIZ COMO RELIQUIA DE PEREGRINACIÓN.

Valencia ha sido un centro de devoción cristiana desde que el Santo Cáliz llegó a la ciudad en 1437, pero en las últimas décadas ha consolidado su reputación como uno de los destinos más importantes para los peregrinos que buscan una conexión espiritual a través de la veneración de la reliquia. El Santo Cáliz, custodiado en la Capilla del Santo Cáliz en la Catedral de Valencia, es considerado por muchos fieles como el auténtico cáliz utilizado por Jesucristo en la Última Cena, lo que le otorga un significado religioso único.

La catedral, con su arquitectura gótica y su rica historia, es un lugar de encuentro para quienes desean experimentar la espiritualidad en un contexto sagrado. La capilla, adornada con retablos y elementos simbólicos, se ha convertido en un espacio de recogimiento donde los fieles pueden rezar y reflexionar en torno a uno de los objetos más venerados del cristianismo. El cáliz es un símbolo poderoso de la Eucaristía, y para muchos de los peregrinos que llegan a Valencia, estar en su presencia representa un acto de fe profunda y una oportunidad para renovar sus compromisos religiosos.

Valencia, con su combinación de historia religiosa y vibrante vida urbana, se ha consolidado como una de las ciudades más importantes de Europa en cuanto a peregrinación y devoción religiosa. A través de los siglos, la Fiesta del Santo Cáliz, que se celebra anualmente el último jueves de octubre, ha sido un punto de encuentro para miles de devotos. En esta fiesta, se realiza una solemne procesión con el cáliz, y se celebra una misa especial donde la reliquia es expuesta para su veneración. Este evento no solo resalta la importancia del cáliz en la vida religiosa de los valencianos, sino que también atrae a numerosos visitantes y peregrinos de diversas partes del mundo.

Además de la fiesta anual, los peregrinos visitan Valencia a lo largo del año para rendir homenaje a la reliquia. Muchos lo hacen con intenciones específicas: algunos buscan sanación espiritual o física, mientras que otros buscan reforzar su fe en un ambiente sagrado. La devoción al Santo Cáliz y la conexión que muchos sienten al estar en su presencia refuerzan el lugar de Valencia como un destino espiritual que va más allá de la mera peregrinación religiosa, combinando historia, fe y cultura.

En los últimos años, el Santo Cáliz ha desempeñado un papel fundamental en las rutas de peregrinación contemporáneas, conectando Valencia con otras ciudades y santuarios cristianos a nivel nacional e internacional. Uno de los proyectos más destacados es la creación del Camino del Santo Grial, una ruta de peregrinación que conecta distintos puntos de interés histórico y religioso vinculados con la historia del Santo Cáliz.

El Camino del Santo Grial comienza en los Pirineos, siguiendo una ruta similar a la que, según la tradición, tomó el cáliz cuando fue trasladado desde el Monasterio de San Juan de la Peña hasta

Valencia en el siglo XV. Este recorrido se ha convertido en una alternativa para los peregrinos que buscan una experiencia espiritual similar a la del Camino de Santiago, pero con un enfoque en la veneración del Santo Cáliz y su historia. A lo largo de la ruta, los peregrinos atraviesan diversos pueblos y ciudades, muchos de los cuales han creado iniciativas para acoger a los caminantes con programas religiosos y culturales.

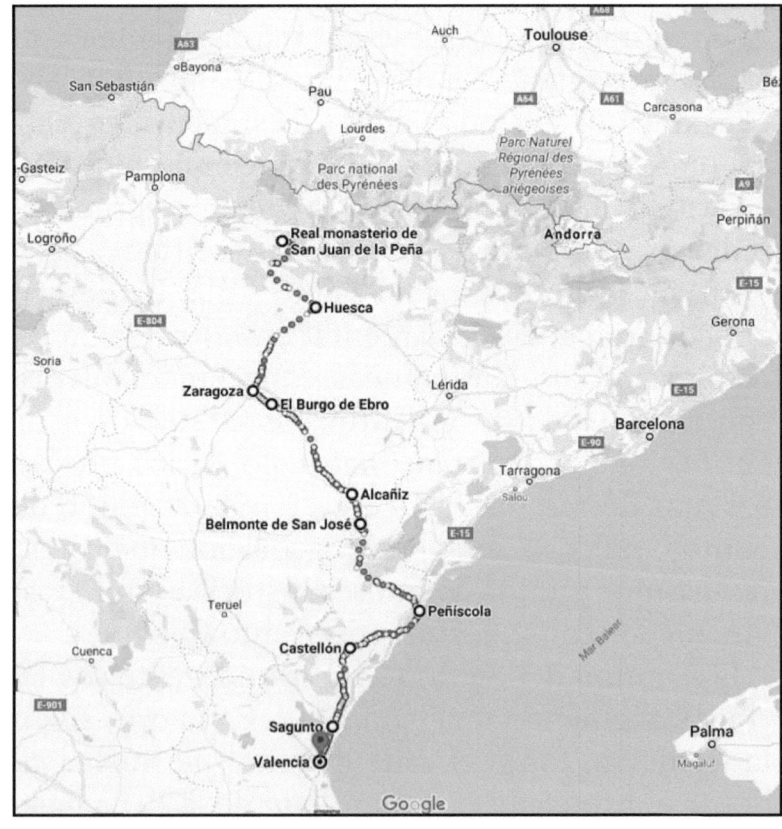

El éxito del Camino del Santo Grial ha llevado a un crecimiento significativo en el número de peregrinos que llegan a Valencia como parte de su recorrido espiritual. Al igual que el Camino de Santiago, esta ruta no solo representa un viaje físico, sino también una oportunidad para la reflexión personal y la renovación espiritual. Los peregrinos que completan el camino llegan finalmente a la Catedral de Valencia, donde pueden venerar el cáliz en un ambiente de recogimiento y devoción.

Este auge del peregrinaje contemporáneo en torno al Santo Cáliz ha tenido un impacto positivo en la economía local de Valencia, promoviendo el turismo religioso y la creación de infraestructuras dedicadas a recibir a los visitantes. Además, ha reforzado el sentido de comunidad y la identidad religiosa de la ciudad, ya que muchos valencianos ven en el cáliz un símbolo no solo de su fe, sino también de su herencia cultural.

La creciente popularidad de Valencia como destino de peregrinación ha sido reconocida a nivel internacional. En 2021, durante el Año Jubilar del Santo Cáliz, la ciudad recibió un aumento considerable en el número de visitantes y fieles, lo que puso de manifiesto el papel central de la reliquia en el turismo espiritual contemporáneo. El Año Jubilar fue una oportunidad para destacar el papel del Santo Cáliz en la reafirmación de la fe cristiana, y la Iglesia organizó una serie de eventos religiosos y culturales, como conferencias, exposiciones y misas, que contribuyeron a enriquecer la experiencia de los peregrinos.

El Santo Cáliz de Valencia no solo es una reliquia de gran importancia histórica y religiosa, sino que también ha transformado a la ciudad en un centro de peregrinación contemporáneo. A través de la veneración del cáliz y la creación de rutas de peregrinación, como el Camino del Santo Grial, Valencia ha consolidado su posición como un destino clave para quienes buscan una experiencia espiritual profunda. El papel del Santo Cáliz en las rutas de peregrinación y en la vida religiosa de la ciudad refleja su relevancia continua, no solo como un objeto de devoción, sino como un símbolo poderoso de la fe cristiana y la identidad valenciana en el mundo moderno.

RITOS Y CEREMONIAS CONTEMPORÁNEAS.

El Santo Cáliz de Valencia continúa siendo un símbolo central en la espiritualidad de la ciudad, no solo como una reliquia histórica, sino también como un objeto sagrado que juega un papel crucial en la vida litúrgica y devocional moderna. A través de su uso en eventos litúrgicos especiales y su influencia en la espiritualidad contemporánea y el turismo religioso, el Cáliz sigue siendo un referente para la comunidad cristiana y un foco de atención para los peregrinos y turistas espirituales que visitan Valencia.

A lo largo de los siglos, el Santo Cáliz ha sido utilizado en ocasiones de gran solemnidad, y en tiempos contemporáneos sigue ocupando un lugar destacado en las ceremonias más importantes de la Catedral de Valencia. Aunque la reliquia se guarda de forma segura en la Capilla del Santo Cáliz, se utiliza en misas y eventos litúrgicos especiales, principalmente relacionados con la Eucaristía, en la que el cáliz adquiere un significado especial como símbolo del sacrificio de Cristo.

Uno de los momentos más significativos en los que el Santo Cáliz se utiliza es durante la Fiesta del Santo Cáliz, que se celebra anualmente el último jueves de octubre. En esta celebración, el cáliz es retirado de su capilla y llevado en procesión hasta el altar mayor de la catedral, donde se celebra una misa solemne. Durante esta misa, el arzobispo o el sacerdote que preside la ceremonia utiliza el cáliz para consagrar el vino, en una representación directa del momento en que Jesús compartió el cáliz con sus apóstoles en la Última Cena. Este evento es de gran importancia para la comunidad valenciana y para los numerosos fieles y peregrinos que asisten, quienes ven en el uso del cáliz un acto de comunión profunda con los misterios de la fe cristiana.

Otro evento destacado en el que se ha utilizado el Santo Cáliz es durante las visitas papales. En 1982, el papa Juan Pablo II celebró una misa multitudinaria en Valencia en la que utilizó el cáliz, un gesto simbólico que subrayaba la importancia de la reliquia en el ámbito internacional. De manera similar, el papa Benedicto XVI también utilizó el cáliz en su visita a Valencia en 2006, durante el V Encuentro Mundial de las Familias, un evento que atrajo a miles de peregrinos y fieles de todo el mundo. Estos eventos no solo consolidaron el valor del cáliz como símbolo de la Eucaristía, sino que también reforzaron el papel de Valencia como un centro de fe y espiritualidad global.

Además de estos eventos excepcionales, el Santo Cáliz es utilizado en otras ceremonias importantes, como en la Semana Santa, particularmente en el Jueves Santo, cuando se celebra la Última Cena de Cristo. El cáliz es un recordatorio tangible de ese momento central en la fe cristiana y, como tal, su uso en estas liturgias tiene un profundo impacto espiritual para los participantes.

El Santo Cáliz no solo ha mantenido su importancia en el contexto de la liturgia, sino que también ha tenido un impacto en la espiritualidad moderna y en el creciente fenómeno del turismo religioso. A medida que más personas buscan experiencias espirituales que combinen fe, historia y cultura, el Santo Cáliz de Valencia ha emergido como un destino clave para los peregrinos que desean profundizar en su espiritualidad a través de la conexión con una de las reliquias más veneradas del cristianismo.

En la espiritualidad moderna, el Santo Cáliz es percibido como un símbolo de transformación personal y renovación de la fe. Para muchos de los peregrinos y visitantes que acuden a Valencia, la oportunidad de venerar el cáliz y participar en los ritos que lo rodean representa una ocasión para reflexionar sobre sus propios compromisos espirituales y su relación con el cristianismo. A través de la veneración de esta reliquia, los fieles buscan un encuentro más cercano con los misterios de la Eucaristía y con la figura de Cristo.

El auge del turismo religioso también ha aumentado la visibilidad del Santo Cáliz como una de las reliquias más importantes de Europa. En un mundo cada vez más conectado, los viajeros de fe buscan destinos que les ofrezcan no solo una experiencia turística, sino también una oportunidad para conectar con su espiritualidad. Valencia, con su catedral gótica y el Santo Cáliz, ofrece esta combinación única. Los peregrinos que participan en las rutas como el Camino del Santo Grial, un recorrido espiritual que conecta diversas localidades vinculadas con la historia del cáliz, encuentran en Valencia el destino final de su viaje, donde pueden culminar su peregrinación.

El Santo Cáliz ha inspirado además el desarrollo de programas de espiritualidad y reflexión organizados por la Iglesia y por instituciones locales, donde los visitantes pueden participar en retiros espirituales, jornadas de oración y conferencias sobre la importancia del cáliz en la historia y en la fe cristiana. Estos eventos no solo enriquecen la experiencia espiritual de los peregrinos, sino que también subrayan el papel del cáliz como un símbolo de unidad y renovación espiritual.

El creciente interés por el Santo Cáliz también ha fomentado la creación de infraestructuras dedicadas al turismo religioso, como museos, centros de interpretación y rutas guiadas que permiten a los visitantes comprender mejor el valor histórico, artístico y espiritual de la reliquia. Estas iniciativas han transformado a Valencia en un destino no solo religioso, sino también cultural, donde el Cáliz actúa como un puente entre el pasado y el presente, atrayendo tanto a los fieles como a los interesados en la historia del cristianismo.

Los ritos y ceremonias contemporáneas en torno al Santo Cáliz de Valencia no solo mantienen viva una tradición de siglos, sino que también refuerzan su relevancia en el contexto espiritual y cultural moderno. El uso del cáliz en eventos litúrgicos especiales, como la Fiesta del Santo Cáliz o las visitas papales, fortalece la fe y la devoción de quienes participan en estas ceremonias. Al mismo tiempo, el cáliz sigue siendo un punto focal en la espiritualidad moderna y el turismo religioso, atrayendo a miles de peregrinos y turistas que buscan una experiencia de fe profunda y enriquecedora. Con su importancia inmutable en la liturgia y su capacidad de inspirar a las nuevas generaciones de fieles y viajeros, el Santo Cáliz sigue siendo un símbolo poderoso de la transformación espiritual y la unidad en la fe cristiana.

El Cáliz como patrimonio religioso.

El Santo Cáliz de Valencia, conocido también como el Santo Grial, es no solo un objeto de profunda veneración religiosa, sino también un patrimonio cultural e histórico de gran valor. Su importancia trasciende el ámbito espiritual, posicionándose como un símbolo de la herencia cristiana y un legado que requiere una protección y conservación adecuadas. En este capítulo, se abordarán los esfuerzos por proteger el cáliz como patrimonio de la humanidad y las políticas de conservación implementadas por el gobierno y la Iglesia.

El Santo Cáliz ha sido considerado durante siglos un objeto sagrado, pero en tiempos modernos ha ganado reconocimiento como una joya patrimonial de la humanidad, lo que ha llevado a iniciativas para garantizar su protección y preservación para futuras generaciones. Dado su valor histórico y religioso, se han propuesto esfuerzos para incluirlo en las listas de patrimonio mundial, al igual que otros tesoros religiosos de similar importancia en Europa y el resto del mundo.

La Catedral de Valencia, donde se custodia el cáliz, es en sí misma un monumento de gran valor cultural y artístico, protegido por diversas leyes patrimoniales. Como parte de esta protección, se han realizado continuas restauraciones y mantenimientos en la capilla donde se guarda el Santo Cáliz, para garantizar que tanto la reliquia como el entorno que la rodea se conserven en perfecto estado. La combinación de patrimonio arquitectónico y arte sacro que presenta la catedral convierte al cáliz en un tesoro doblemente valioso, siendo un símbolo tanto espiritual como cultural.

La importancia de preservar el Santo Cáliz también ha sido reconocida en foros internacionales, donde se ha discutido su posible inclusión en las listas de Patrimonio Inmaterial de la Humanidad de la UNESCO. Si bien la reliquia en sí misma puede no cumplir con los criterios específicos de esta clasificación, las tradiciones, celebraciones y ritos asociados con el cáliz, como la Fiesta del Santo Cáliz o las procesiones anuales, representan una herencia cultural viva que podría ser reconocida como tal. Esto aseguraría un mayor nivel de protección y reconocimiento internacional.

En este contexto, los esfuerzos por elevar la figura del Santo Cáliz a un patrimonio de la humanidad no solo se enfocan en su dimensión religiosa, sino también en su capacidad para inspirar y unir a diversas culturas y pueblos a lo largo de la historia. El cáliz, como símbolo de la búsqueda de lo sagrado, ha trascendido las fronteras de España para convertirse en un referente de la cultura cristiana universal.

La conservación del Santo Cáliz es un proceso delicado y complejo que requiere la colaboración entre diversas instituciones, principalmente el gobierno y la Iglesia. Ambos actores desempeñan un papel fundamental en la protección de esta reliquia, garantizando su preservación tanto a nivel material como espiritual.

La Iglesia Católica ha sido históricamente la principal custodia del Santo Cáliz. Como guardiana de la reliquia, ha implementado medidas de conservación rigurosas para asegurar que el cáliz se mantenga en óptimas condiciones. Dentro de la Capilla del Santo Cáliz, se han instalado sistemas avanzados de climatización y seguridad para controlar la humedad, la temperatura y evitar cualquier tipo de deterioro. Este espacio sagrado está protegido con medidas de seguridad avanzadas, lo que garantiza que el cáliz se conserve sin exposición a riesgos que puedan comprometer su integridad.

Además, la Iglesia juega un papel crucial en la promoción de la devoción al Santo Cáliz y en la organización de eventos que contribuyen a su relevancia contemporánea. Las ceremonias y festividades que rodean al cáliz, como la Fiesta del Santo Cáliz, son ejemplos de cómo la Iglesia equilibra la preservación física de la reliquia con la preservación de su valor espiritual y cultural en la vida de los fieles.

El gobierno español, tanto a nivel nacional como regional, ha desarrollado políticas específicas para proteger el Santo Cáliz y la Catedral de Valencia. Estas políticas incluyen su declaración como Bien de Interés Cultural (BIC), una categoría legal en España que asegura la protección y conservación de monumentos y objetos de gran relevancia histórica y artística. Bajo esta categoría, cualquier intervención o restauración relacionada con el cáliz o su entorno debe cumplir con estrictos estándares de conservación patrimonial.

A nivel local, el Gobierno de la Comunidad Valenciana también ha jugado un papel proactivo en la promoción del Santo Cáliz como parte de la oferta cultural y turística de la región. El desarrollo de rutas turísticas y el apoyo a eventos culturales y religiosos que giran en torno al cáliz son ejemplo de las políticas integrales que buscan no solo proteger la reliquia, sino también promover su valor patrimonial en el ámbito cultural y turístico.

El gobierno también colabora con instituciones académicas y expertos en conservación para garantizar que cualquier intervención en la reliquia o en su entorno se realice con la mayor rigurosidad técnica. Los estudios científicos sobre el cáliz, que incluyen análisis de su composición y datación, son apoyados por las autoridades gubernamentales, lo que refuerza la colaboración entre ciencia y patrimonio en la protección de la reliquia.

A pesar de los esfuerzos conjuntos de la Iglesia y el gobierno, la protección del Santo Cáliz enfrenta desafíos. Uno de los principales retos es asegurar que la reliquia pueda seguir siendo accesible al público y a los peregrinos, sin que esto comprometa su conservación. El turismo masivo y el creciente interés internacional en el cáliz pueden suponer riesgos potenciales si no se manejan adecuadamente, lo que ha llevado a las autoridades a implementar medidas de control de acceso y conservación preventiva.

Otro desafío es la concienciación pública sobre la importancia del cáliz no solo como un objeto de devoción religiosa, sino como parte del patrimonio cultural de la humanidad. Las campañas educativas, tanto dentro de la Iglesia como en el ámbito civil, juegan un papel clave en asegurar que el público valore y respete la reliquia en todos sus aspectos.

El Santo Cáliz de Valencia, como patrimonio religioso y cultural, es un símbolo de gran importancia que une la fe con la historia y la cultura. Su protección y conservación requieren un esfuerzo conjunto por parte de la Iglesia, el gobierno y la sociedad, para asegurar que esta reliquia siga siendo un objeto de veneración y admiración para las futuras generaciones. Las políticas de conservación implementadas hasta ahora son un paso crucial en este sentido, pero el futuro de su preservación depende de un equilibrio cuidadoso entre el acceso público y la protección del objeto sagrado. Como emblema de la herencia cristiana y cultural, el Santo Cáliz sigue ocupando un lugar central en la identidad de Valencia y en el panorama del patrimonio universal.

LA CATEDRAL DE VALENCIA COMO CENTRO DEL CULTO AL CÁLIZ.

La Catedral de Valencia, también conocida como la Seo de Valencia o la Basílica Metropolitana, no es solo un monumento arquitectónico de gran relevancia histórica, sino que es también el centro del culto al Santo Cáliz. Su papel como guardiana de esta reliquia ha consolidado su importancia tanto en el ámbito religioso como cultural. En este capítulo, se explorarán la historia de la catedral y su rol en la custodia del Santo Cáliz, así como su legado arquitectónico y espiritual.

La historia de la Catedral de Valencia está profundamente entrelazada con la evolución de la ciudad como centro religioso y cultural. Construida sobre una antigua mezquita musulmana tras la reconquista cristiana en el siglo XIII, la catedral ha sido testigo de numerosos acontecimientos históricos y ha desempeñado un papel fundamental en la vida espiritual de los valencianos. Su estilo arquitectónico, una fusión de gótico, románico, renacentista y barroco, refleja los cambios y las influencias culturales que han marcado la historia de la región a lo largo de los siglos.

El papel de la catedral como guardiana del Santo Cáliz comenzó en 1437, cuando el cáliz fue trasladado a Valencia por orden del rey Alfonso V de Aragón, también conocido como Alfonso el Magnánimo. El cáliz, que previamente había sido custodiado en el Monasterio de San Juan de la Peña, llegó a la catedral en medio de un ambiente de gran devoción y reverencia. Desde ese momento, la catedral asumió el papel de protector de una de las reliquias más sagradas del cristianismo, lo que la elevó a un nuevo estatus en la vida religiosa de la ciudad y de toda España.

Durante siglos, la Capilla del Santo Cáliz ha sido el lugar donde se custodia esta reliquia, convirtiéndose en un destino de peregrinación para los fieles que buscan venerar el cáliz. La capilla, de estilo gótico, fue construida específicamente para albergar el cáliz y proporcionar un entorno digno de su importancia espiritual. A lo largo de los siglos, ha sido restaurada y mejorada, asegurando que tanto la reliquia como su entorno sigan siendo accesibles para los peregrinos y turistas.

El papel de la catedral como guardiana del Santo Cáliz se ha visto reforzado por eventos históricos clave. Durante la Guerra Civil Española (1936-1939), el cáliz fue trasladado y ocultado para protegerlo de la destrucción, un esfuerzo que subrayó la importancia de la catedral como custodio de este tesoro espiritual. Su regreso a la catedral al final de la guerra fue visto como un símbolo de la resistencia y la fe inquebrantable del pueblo valenciano.

La Catedral de Valencia es un símbolo de la herencia religiosa y cultural de la ciudad. Su arquitectura, con influencias que abarcan varios siglos, es una prueba viva de los diversos estilos que han pasado por la historia de la península ibérica. Entre los elementos más destacados de la catedral se encuentran su Puerta de los Apóstoles, de estilo gótico, y su Miguelete, un campanario de planta octogonal que se ha convertido en uno de los símbolos más reconocibles de la ciudad.

El interior de la catedral es igualmente impresionante, con una serie de capillas dedicadas a diferentes santos y eventos religiosos. Sin embargo, la Capilla del Santo Cáliz es la que más destaca por su relevancia espiritual. En esta capilla se encuentra no solo el cáliz, sino también una serie de obras de arte, como frescos y retablos, que subrayan la importancia del lugar en la vida religiosa de Valencia. La capilla, que se sitúa en la nave derecha de la catedral, es un espacio de recogimiento donde los fieles pueden rezar y meditar frente a la reliquia, lo que refuerza el ambiente sagrado del lugar.

El legado arquitectónico de la catedral ha sido objeto de numerosas restauraciones a lo largo de los siglos, con el objetivo de mantener su esplendor original. Estas intervenciones han buscado no solo preservar los aspectos históricos de la catedral, sino también garantizar que continúe siendo un espacio funcional para los actos religiosos. En este sentido, la catedral sigue siendo el epicentro de la vida litúrgica en Valencia, con misas diarias, celebraciones especiales y procesiones que giran en torno al Santo Cáliz.

Además de su importancia como obra arquitectónica, la catedral tiene un legado espiritual profundo. A lo largo de los siglos, ha sido un lugar de peregrinación y devoción, atrayendo tanto a fieles locales como a viajeros internacionales. Su estatus como custodio del Santo Cáliz ha consolidado su reputación como un lugar sagrado, donde los visitantes pueden conectarse con la historia y el misterio de la fe cristiana. Para muchos, la visita a la catedral y a la capilla del cáliz representa un encuentro con lo divino, un momento de introspección y renovación espiritual.

La influencia del Santo Cáliz y la catedral en la vida religiosa de Valencia se refleja también en las festividades religiosas que tienen lugar en torno a ellos. La Fiesta del Santo Cáliz, celebrada anualmente, es uno de los eventos más importantes en el calendario litúrgico de la ciudad. Durante esta festividad, la catedral se convierte en el punto de reunión para miles de fieles que se congregan para venerar la reliquia y participar en la misa solemne y la procesión que recorren las calles de Valencia.

La Catedral de Valencia ha sido y sigue siendo el centro del culto al Santo Cáliz, desempeñando un papel fundamental en la vida espiritual y cultural de la ciudad. Su legado arquitectónico, con su rica mezcla de estilos y su imponente presencia, refleja la historia de Valencia como un centro de fe cristiana. Al mismo tiempo, su papel como guardiana del Santo Cáliz ha convertido a la catedral en un destino de peregrinación de gran importancia, donde los fieles pueden conectarse con la tradición cristiana y experimentar una profunda devoción.

El Santo Cáliz no solo ha dado forma a la historia de la catedral, sino también al legado espiritual de Valencia, que sigue atrayendo a peregrinos y turistas religiosos de todo el mundo. Con su combinación de patrimonio arquitectónico y valor religioso, la Catedral de Valencia sigue siendo un símbolo vivo de la fe cristiana y un testimonio de la conexión entre lo divino y lo terrenal.

7

Reflexión final y conclusiones

Este estudio ha explorado en profundidad el Santo Cáliz de Valencia, no solo como una reliquia sagrada de inmenso valor religioso, sino también como un objeto que ha dejado una profunda huella en la historia, la cultura y la identidad valenciana. A lo largo de los capítulos precedentes, se han analizado diversos aspectos de la historia del cáliz, sus representaciones en la cultura, su influencia en la devoción popular, y su protección como patrimonio. En este último capítulo, se resumen los hallazgos históricos y arqueológicos más importantes, destacando las principales conclusiones obtenidas de la investigación

Autenticidad histórica del Santo Cáliz

Uno de los temas más recurrentes en el estudio del Santo Cáliz ha sido la cuestión de su autenticidad. Según los estudios históricos y arqueológicos, el cáliz está compuesto por dos partes: una copa de ágata semipreciosa que data del siglo I a.C., y un pie añadido en la Edad Media. Este análisis sugiere que la parte superior del cáliz podría haber existido en tiempos de Cristo, lo que alimenta la creencia de que podría ser el cáliz utilizado en la Última Cena. Sin embargo, no existen pruebas concluyentes que confirmen esta vinculación directa. A pesar de la falta de evidencia definitiva, la tradición cristiana ha otorgado al Santo Cáliz de Valencia un estatus de reliquia sagrada, y sigue siendo venerado por millones de fieles.

Importancia simbólica y espiritual del cáliz

Más allá de los debates sobre su autenticidad, el Santo Cáliz ha adquirido un significado espiritual profundo para la comunidad cristiana. Desde su llegada a Valencia en 1437, la reliquia ha sido objeto de veneración constante, convirtiéndose en el centro de peregrinación y devoción. A lo largo de los siglos, el cáliz ha simbolizado no solo la Eucaristía y el sacrificio de Cristo, sino también la resistencia y fe del pueblo valenciano durante tiempos de adversidad, como la Guerra Civil Española.

El Santo Cáliz como patrimonio cultural

Además de su valor espiritual, el Santo Cáliz ha sido reconocido como un patrimonio cultural de gran importancia para Valencia y para toda España. La Catedral de Valencia, como guardiana del cáliz, ha desempeñado un papel fundamental en la preservación de la reliquia y su legado. La capilla que alberga el cáliz es un espacio tanto de recogimiento espiritual como de atracción cultural, donde los fieles y turistas pueden conectarse con la historia y el arte religioso.

Impacto en la cultura y las artes

El Santo Cáliz ha inspirado numerosas representaciones literarias y artísticas en la Península Ibérica. Desde los relatos caballerescos medievales hasta las obras renacentistas, el cáliz ha sido un símbolo de búsqueda espiritual y pureza. En la pintura, la escultura y la literatura, el cáliz ha representado el misterio de la redención, la unión entre lo divino y lo humano. Artistas como Juan de Juanes, con su famosa representación de la Última Cena, han dejado un legado visual que vincula estrechamente al cáliz con la fe cristiana en el imaginario artístico español.

Valencia como centro de peregrinación

En tiempos modernos, Valencia ha sido reconocida como uno de los principales centros de peregrinación cristiana, gracias a la veneración del Santo Cáliz. El establecimiento de rutas de peregrinación, como el Camino del Santo Grial, ha reforzado esta identidad, atrayendo a peregrinos de todo el mundo que buscan una experiencia espiritual profunda. Además, la Fiesta del Santo Cáliz, celebrada anualmente en octubre, ha consolidado la relación entre la devoción popular y la celebración de esta reliquia sagrada.

Protección y conservación del cáliz

La investigación también ha destacado los esfuerzos de conservación y protección del Santo Cáliz como un patrimonio tanto religioso como cultural. La colaboración entre el gobierno y la Iglesia ha garantizado la preservación de la reliquia y su entorno. Medidas como la declaración de la Catedral de Valencia y la capilla del Santo Cáliz como Bien de Interés Cultural (BIC) aseguran la protección de este tesoro para las generaciones futuras. A nivel internacional, se ha promovido su reconocimiento como parte del patrimonio inmaterial de la humanidad, considerando las tradiciones y ritos devocionales que lo rodean.

DATOS HISTÓRICOS Y ARQUEOLÓGICOS.

El análisis de los datos históricos y arqueológicos sobre el Santo Cáliz de Valencia ofrece un panorama rico y complejo sobre la relación entre fe, cultura e historia. Si bien no es posible verificar científicamente la autenticidad del cáliz como el que fue utilizado por Cristo en la Última Cena, su valor simbólico y devocional ha trascendido cualquier duda. El hecho de que la copa de ágata sea tan antigua refuerza la importancia histórica de la reliquia, aunque las adiciones medievales sugieren que, en algún momento, fue adaptada para enfatizar su conexión con el cristianismo. Desde un punto de vista arqueológico, el cáliz es una pieza única de la historia del arte, con su combinación de elementos antiguos y medievales. Esto ha atraído a expertos de todo el mundo que han analizado su composición, datación y origen. A pesar de la falta de consenso sobre su autenticidad, los estudios coinciden en que es una pieza excepcional, no solo por su antigüedad, sino también por su relación con la tradición cristiana.

Desde una perspectiva histórica, el Santo Cáliz ha sido testigo de momentos clave en la vida religiosa y cultural de Valencia. Su traslado a la ciudad en 1437 y su papel en las ceremonias religiosas importantes lo han convertido en un símbolo de la fe y la historia valenciana. La resistencia y protección del cáliz durante los momentos más oscuros, como la Guerra Civil Española, subrayan su importancia no solo para la Iglesia, sino también para el pueblo valenciano.

En conclusión, el Santo Cáliz de Valencia es una reliquia que va más allá de la religión, convirtiéndose en un patrimonio espiritual y cultural de valor incalculable. Aunque los estudios históricos y arqueológicos no han podido confirmar su autenticidad definitiva, la devoción y el simbolismo que encierra lo han transformado en un objeto sagrado venerado por generaciones. La Catedral de Valencia ha sido su guardiana y centro de culto, y la ciudad ha sabido proteger y promover su legado, convirtiéndose en un destino de peregrinación y devoción mundial. El Santo Cáliz sigue siendo una fuente de fe, identidad y orgullo para los valencianos y para la cristiandad en general, manteniendo vivo su mensaje espiritual en el corazón de la tradición cristiana.

Relevancia cultural y espiritual del Santo Grial de Valencia.

El Santo Cáliz de Valencia, también conocido como el Santo Grial, ha jugado un papel crucial en la configuración tanto de la vida espiritual como de la identidad cultural de Valencia y, por extensión, de España y del mundo cristiano. Esta sección examina la importancia del cáliz en el contexto religioso y cultural, así como su influencia continua en la fe y el turismo espiritual.

El Santo Cáliz ha sido considerado, desde su llegada a Valencia en 1437, uno de los tesoros más importantes del cristianismo. Su significado religioso se basa en la creencia de que es el cáliz utilizado por Jesucristo durante la Última Cena, lo que lo conecta directamente con el origen del sacramento de la Eucaristía. Para los creyentes, el cáliz es un símbolo no solo de la presencia divina, sino también de la redención y el sacrificio de Cristo por la humanidad. A lo largo de los siglos, esta reliquia ha sido venerada como un objeto sagrado que otorga una conexión espiritual única con los orígenes de la fe cristiana.

En el contexto cultural, el Santo Cáliz ha trascendido su función litúrgica para convertirse en un símbolo de la identidad valenciana. La Catedral de Valencia ha jugado un papel central en esta consolidación, convirtiéndose en el guardián de esta reliquia de incalculable valor. Las leyendas y tradiciones populares que rodean al cáliz han alimentado el imaginario colectivo no solo de Valencia, sino también de la cultura hispánica. La historia del Santo Cáliz ha inspirado a artistas, escritores y pensadores a lo largo de los siglos, que lo han representado como un símbolo de búsqueda espiritual, pureza y santidad.

El cáliz ha tenido un impacto en el arte, la literatura y la música, contribuyendo a la creación de un patrimonio cultural que refleja los valores e ideales cristianos. En la pintura, por ejemplo, su representación en obras como *La Última Cena* de Juan de Juanes, muestra la influencia que ha tenido el cáliz en el arte sacro. Además, la conexión del Grial con la literatura medieval, en particular con los relatos caballerescos que buscan el Grial como símbolo de perfección y pureza, ha enriquecido la narrativa cultural y espiritual en la Península Ibérica.

En términos religiosos, el Santo Cáliz sigue siendo un objeto de devoción intensa, no solo para los valencianos, sino también para millones de peregrinos que visitan la Catedral de Valencia cada año. La Fiesta del Santo Cáliz, celebrada anualmente, refuerza esta conexión entre el cáliz y la fe popular, al reunir a creyentes de todo el mundo en una celebración que combina tanto la liturgia como la cultura.

En la era contemporánea, el Santo Cáliz ha mantenido su influencia espiritual y se ha convertido en un destino clave en el turismo religioso y espiritual. El cáliz no solo atrae a los fieles que buscan un encuentro con lo sagrado, sino que también capta la atención de aquellos interesados en el patrimonio cultural e histórico de Valencia y el cristianismo.

Valencia ha sido posicionada como un centro neurálgico de peregrinación, especialmente con la creación del Camino del Santo Grial, que sigue el supuesto recorrido de la reliquia desde los Pirineos hasta su actual ubicación en la catedral. Este camino, inspirado en rutas como el Camino de Santiago, ha crecido en popularidad, atrayendo tanto a peregrinos religiosos como a turistas que desean una experiencia espiritual. A lo largo del recorrido, los peregrinos atraviesan varias localidades históricas, lo que les permite profundizar en la cultura y la espiritualidad de la región mientras se dirigen hacia Valencia.

El auge del turismo religioso no solo ha reforzado la importancia del Santo Cáliz como símbolo de fe, sino que también ha promovido el desarrollo de una infraestructura turística que combina lo espiritual con lo cultural. Las visitas guiadas a la Catedral de Valencia, la Capilla del Santo Cáliz y otros sitios asociados a la historia de la reliquia han convertido a la ciudad en un destino obligado para quienes buscan una experiencia religiosa enriquecedora.

El cáliz, además de ser un objeto de culto, se ha convertido en un símbolo de unidad y esperanza. Para muchos peregrinos, el viaje a Valencia para venerar el Santo Cáliz es una oportunidad para profundizar en su fe, buscar sanación espiritual o dar gracias por los favores recibidos. La veneración pública del cáliz en actos litúrgicos, especialmente en fechas señaladas como la Semana Santa o la Fiesta del Santo Cáliz, refuerza su papel como un elemento que conecta a los fieles con la tradición cristiana más antigua.

La Iglesia, por su parte, ha aprovechado la creciente popularidad del Santo Cáliz para fomentar el turismo espiritual, destacando el valor del cáliz no solo como reliquia, sino como parte integral de la historia cristiana. A través de conferencias, exposiciones y eventos religiosos, se promueve una comprensión más profunda de su significado espiritual y su conexión con la Eucaristía.

El Santo Cáliz de Valencia sigue siendo un símbolo profundamente relevante, tanto a nivel cultural como espiritual. Su importancia en el contexto religioso como símbolo de la Eucaristía y del sacrificio de Cristo continúa siendo el núcleo de su veneración, mientras que su legado cultural ha inspirado a generaciones de artistas, escritores y pensadores.

En el ámbito del turismo espiritual, el cáliz ha renovado su relevancia, atrayendo a peregrinos y turistas de todo el mundo que buscan una experiencia de fe y contemplación. A través de rutas de peregrinación como el Camino del Santo Grial, festividades como la Fiesta del Santo Cáliz, y la continua veneración en la Catedral de Valencia, la reliquia se ha convertido en un pilar de la espiritualidad contemporánea, que sigue resonando en la vida de los creyentes y en la identidad cultural de Valencia.

La presencia del Santo Cáliz en Valencia refuerza la conexión entre lo divino y lo terrenal, proporcionando un espacio donde la fe, la historia y la cultura se entrelazan para ofrecer una experiencia única y enriquecedora. Como símbolo de unidad y renovación espiritual, el Santo Grial sigue inspirando y guiando a aquellos que buscan no solo un encuentro con el pasado, sino también con los misterios de la fe en el presente.

Contribuciones de la monografía a la historiografía del Grial.

La presente monografía ha ofrecido un enfoque multidimensional sobre el Santo Grial de Valencia, proporcionando una visión integral que abarca desde sus aspectos religiosos y culturales hasta su relevancia histórica y patrimonial. A lo largo del estudio, se han identificado varios aportes significativos a la historiografía del Grial, así como nuevas perspectivas y enfoques que enriquecen el análisis de esta legendaria reliquia. En esta sección, se resumen las principales contribuciones de esta investigación al estudio del Santo Grial y se sugieren nuevas líneas de exploración en torno a este tema.

Enfoque holístico e interdisciplinario: Una de las principales contribuciones de esta monografía ha sido la integración de diversas disciplinas —historia, arqueología, arte, teología y estudios culturales— para ofrecer un análisis global del Santo Grial. Este enfoque interdisciplinario ha permitido abordar el Grial no solo como una reliquia religiosa, sino también como un objeto que ha tenido un profundo impacto en la cultura y la historia. Este modelo de estudio abre la puerta a futuras investigaciones que busquen abordar temas religiosos desde múltiples ángulos.

Contextualización histórica del Santo Cáliz de Valencia: Esta investigación ha aportado una contextualización más precisa del Santo Cáliz dentro de la historia de la Península Ibérica. Al trazar su traslado desde el Monasterio de San Juan de la Peña hasta la Catedral de Valencia, y analizar el contexto histórico que rodeó dicho traslado en el siglo XV, se ha reforzado la comprensión de cómo el Grial ha estado relacionado con los poderes eclesiásticos y monárquicos de la época. Este análisis también ha iluminado la función del cáliz como símbolo de legitimidad política y espiritual en la Corona de Aragón, lo que representa una valiosa aportación a la historiografía del Grial en el contexto medieval español.

Conexión entre el Grial y la identidad cultural valenciana: Uno de los aportes clave de esta monografía ha sido mostrar cómo el Santo Grial ha sido fundamental en la configuración de la identidad cultural y religiosa de Valencia. La investigación ha profundizado en cómo el cáliz ha influido en las tradiciones populares, en las festividades religiosas y en la percepción colectiva del pueblo valenciano a lo largo de los siglos. Este enfoque ha permitido comprender la dimensión simbólica del Grial más allá de su papel estrictamente religioso, vinculándolo a la identidad regional y al sentido de pertenencia de los valencianos. Esto también abre nuevas líneas de investigación sobre el papel de las reliquias en la formación de identidades culturales y regionales en la Europa cristiana.

Relevancia contemporánea del Santo Grial: Este estudio ha destacado el impacto contemporáneo del Santo Cáliz, tanto en el ámbito espiritual como en el cultural y turístico. La creciente importancia del turismo espiritual en torno al cáliz, como se ve en la popularidad del Camino del Santo Grial y en la atracción de peregrinos internacionales, ha sido un punto de análisis relevante. La investigación ha mostrado cómo el Santo Grial sigue influyendo en la vida religiosa moderna y en la economía local a través del turismo. Este enfoque sobre la relevancia contemporánea del Grial ofrece un modelo para estudiar cómo las reliquias históricas pueden adaptarse y mantenerse vigentes en el contexto de la modernidad.

Valoración del Grial como patrimonio cultural: A través de este trabajo, se ha subrayado la importancia del Santo Cáliz no solo como un objeto de veneración, sino también como parte del patrimonio cultural de la humanidad. Las políticas de protección, conservación y promoción del cáliz, en colaboración entre la Iglesia y las autoridades gubernamentales, muestran cómo una reliquia puede ser gestionada en el marco de las leyes de patrimonio histórico. Esta monografía ha subrayado la importancia de preservar no solo la reliquia física, sino también las tradiciones culturales y espirituales que la rodean, argumentando su relevancia en las candidaturas para el Patrimonio Inmaterial de la Humanidad de la UNESCO.

Reevaluación crítica de la autenticidad del Grial: Aunque la autenticidad del Santo Cáliz de Valencia como el cáliz utilizado en la Última Cena no ha sido probada de manera concluyente, esta monografía ha mostrado cómo la validez histórica de una reliquia no es necesariamente el aspecto más importante en su veneración. La investigación ha aportado una nueva perspectiva que sugiere que el valor espiritual y simbólico del Grial trasciende los debates sobre su origen material. Este enfoque invita a futuros estudios que se centren en la construcción del significado espiritual de las reliquias en lugar de enfocarse exclusivamente en su autenticidad histórica.

El Grial como fenómeno global: La investigación sugiere que el Santo Cáliz de Valencia, aunque es una reliquia fuertemente asociada con la historia y la cultura españolas, puede ser analizado como un fenómeno global dentro del cristianismo. Su impacto en la iconografía religiosa europea, así como su influencia en la cultura pop y en la literatura contemporánea, muestra cómo el Santo Grial ha sido adaptado y reinterpretado en contextos más amplios. Esta línea de análisis puede abrir nuevas investigaciones sobre el Grial en la cultura global, explorando su representación en la literatura, el cine y el arte internacional, y cómo estos reflejos afectan la percepción de la reliquia en su contexto original.

El Grial y las rutas de peregrinación modernas: Uno de los enfoques novedosos de esta monografía es su análisis del Santo Grial dentro del creciente fenómeno de las rutas de peregrinación contemporáneas, como el Camino del Santo Grial. Esto ofrece una nueva perspectiva sobre el papel de las reliquias en las formas actuales de peregrinación y turismo religioso. La investigación sugiere que el Grial, como parte de una ruta estructurada de peregrinación, se convierte no solo en un objeto de devoción, sino también en un símbolo que puede dinamizar la economía local y fomentar un tipo de turismo cultural con un impacto positivo en la comunidad.

La tecnología y la conservación de reliquias: La monografía también ha abordado las nuevas tecnologías aplicadas a la conservación del Santo Grial, señalando cómo los avances en la arqueología, la conservación patrimonial y la seguridad permiten preservar reliquias con mayor eficacia. Este enfoque innovador subraya la importancia de la colaboración interdisciplinaria en la preservación de objetos históricos y religiosos, sugiriendo que futuros estudios deben enfocarse en cómo la tecnología puede seguir mejorando las políticas de conservación de patrimonios religiosos a nivel global.

Las contribuciones de esta monografía a la historiografía del Santo Grial son múltiples y variadas. A través de un enfoque interdisciplinario, se ha logrado enriquecer el estudio del Grial, contextualizando su valor espiritual y cultural tanto en el pasado como en el presente. Al mismo tiempo, esta investigación ha abierto nuevas perspectivas que sugieren futuras líneas de exploración, especialmente en torno a su dimensión simbólica, su impacto en la peregrinación moderna, y su proyección global.

El Santo Grial de Valencia no solo sigue siendo un objeto de veneración religiosa, sino también un símbolo de identidad y un puente entre lo sagrado y lo cultural. Las nuevas perspectivas y enfoques propuestos en este trabajo sugieren que, a medida que el mundo cambia, el Santo Grial continuará inspirando y desafiando a estudiosos, fieles y peregrinos a profundizar en su significado y su impacto duradero en la historia humana.

Líneas futuras de investigación sobre el Santo Cáliz.

El estudio del Santo Cáliz de Valencia abre numerosas posibilidades para futuras investigaciones, tanto en los campos de la historia, la arqueología, la teología y los estudios culturales. A lo largo de esta monografía, se han planteado diversas cuestiones y enfoques que pueden ser profundizados o complementados por nuevas líneas de investigación. En esta sección, se destacarán algunas áreas que requieren una mayor exploración y se propondrán nuevas direcciones y temas que podrían enriquecer el conocimiento sobre el Santo Grial y su relevancia en los contextos contemporáneos.

Autenticidad arqueológica y estudios científicos avanzados: Si bien se ha hecho un importante trabajo de datación y análisis del Santo Cáliz en cuanto a sus componentes materiales, todavía quedan áreas por investigar con más profundidad. El estudio científico del cáliz mediante técnicas avanzadas de análisis de materiales (como la espectroscopia o el análisis por radiocarbono) podría ofrecer una comprensión más detallada de la composición del cáliz, su origen y las alteraciones que ha sufrido a lo largo de los siglos. Además, el uso de nuevas tecnologías de imágenes 3D y de técnicas no invasivas podría aportar más claridad sobre su construcción y datación, sin afectar la integridad de la reliquia.

Estudio comparativo de las distintas reliquias cristianas: La investigación del Santo Cáliz podría beneficiarse de un enfoque comparativo con otras reliquias cristianas importantes, como el Sudario de Turín, la Lanza de Longinos o la Vera Cruz. Este tipo de estudio permitiría situar el cáliz en un contexto más amplio, comparando su impacto devocional, su gestión como patrimonio y su autenticidad percibida. Un análisis comparativo podría revelar patrones comunes en la veneración de reliquias, así como diferencias culturales y geográficas en la percepción y el tratamiento de objetos sagrados en diversas partes del mundo.

Impacto económico y social del turismo religioso: Aunque la monografía ha abordado brevemente el impacto del turismo religioso en Valencia, este tema merece un estudio más profundo y estructurado. Se podría investigar con más detalle cómo el turismo en torno al Santo Cáliz afecta a la economía local y cómo se gestiona el equilibrio entre la preservación de la espiritualidad del lugar y la atracción turística. La creación de rutas como el Camino del Santo Grial presenta una excelente oportunidad para analizar cómo el turismo espiritual puede contribuir al desarrollo económico sostenible, al tiempo que fortalece la identidad cultural y religiosa de una región.

Influencia del Santo Grial en la cultura contemporánea: La figura del Santo Grial ha sido explorada en numerosas obras literarias, cinematográficas y artísticas a lo largo de los siglos. Sin embargo, su representación y significado en la cultura contemporánea sigue siendo un área que puede ser ampliada. Un estudio sobre cómo la figura del Grial ha sido reinterpretada en el cine, la literatura popular y los medios de comunicación actuales puede aportar perspectivas nuevas sobre la mitología moderna en torno a esta reliquia. Especialmente en obras de fantasía y aventuras, como las novelas de caballería y las películas de aventura épica, el Grial ha sido representado de múltiples maneras, y estas reinterpretaciones influyen en la percepción popular de la reliquia real en Valencia.

Propuestas para investigaciones futuras en torno al Grial.

La evolución de la veneración del Grial a través del tiempo: Una posible línea de investigación sería rastrear la evolución de la veneración del Santo Grial en distintas épocas, desde su llegada a Valencia hasta la actualidad. Este estudio podría examinar cómo ha cambiado la devoción popular y el significado espiritual del Grial a lo largo de los siglos, comparando las prácticas religiosas del pasado con las actuales. La investigación podría incluir análisis de los cambios en las ceremonias litúrgicas, las peregrinaciones y la importancia del Grial en la vida diaria de los fieles. Esta perspectiva histórica podría revelar cómo las creencias y tradiciones se han adaptado a los contextos políticos, sociales y culturales a lo largo del tiempo.

Estudio de la influencia teológica del Santo Cáliz en el cristianismo: Desde un enfoque teológico, sería valioso profundizar en la influencia del Santo Cáliz en la doctrina cristiana y su relación con la Eucaristía. Dado que el cáliz es visto como el recipiente utilizado por Cristo durante la Última Cena, el estudio podría centrarse en cómo ha moldeado las interpretaciones teológicas sobre el sacrificio de Cristo, el concepto de transubstanciación y la comunión de los fieles. Un análisis de textos eclesiásticos, sermones y homilías a lo largo de los siglos podría ofrecer una nueva perspectiva sobre el papel del cáliz en el pensamiento cristiano.

El Grial y su relación con el poder político en la Edad Media: Otra línea de investigación futura podría centrarse en el papel del Santo Grial como símbolo de legitimidad política y su relación con el poder monárquico durante la Edad Media. Este estudio podría examinar cómo los monarcas de la Corona de Aragón, y más tarde otros reinos ibéricos, utilizaron la presencia del Santo Grial en Valencia para legitimar su poder y fortalecer su autoridad religiosa. El uso del Grial en ceremonias de coronación, juramentos de fidelidad y otros actos oficiales podría ofrecer información sobre la instrumentalización de las reliquias en la consolidación del poder político en la Europa medieval.

Impacto global del Santo Grial en la diáspora cristiana: Una línea de investigación interesante podría ser el análisis del impacto del Santo Cáliz de Valencia en la diáspora cristiana, especialmente en las comunidades cristianas de América Latina, donde la herencia cultural española tiene una fuerte presencia. Este estudio podría explorar cómo la devoción al Santo Grial se ha extendido y reinterpretado en estos contextos, y qué lugar ocupa en las prácticas religiosas y culturales de las comunidades cristianas fuera de España. Esto también abriría un campo de estudio sobre la globalización del patrimonio religioso y la transferencia cultural entre continentes.

El Santo Grial y las mujeres en la historia del cristianismo: Un enfoque novedoso sería analizar la figura del Santo Grial desde una perspectiva de género, explorando el papel de las mujeres en la historia de la veneración de esta reliquia. Las mujeres, a lo largo de la historia del cristianismo, han jugado un papel crucial en la conservación de tradiciones y la difusión de la fe, pero su participación en la veneración de reliquias ha sido a menudo subestimada. Un estudio sobre cómo las mujeres han interactuado con el Santo Grial, tanto en la devoción personal como en los roles institucionales dentro de la Iglesia, podría abrir un campo de estudio hasta ahora poco explorado en la historiografía del Grial.

El Santo Cáliz de Valencia sigue siendo un objeto de estudio fascinante y multifacético, con implicaciones que abarcan desde la arqueología y la teología hasta la cultura contemporánea y el turismo religioso. Esta monografía ha resaltado áreas que merecen ser exploradas en profundidad y ha propuesto nuevas líneas de investigación que pueden enriquecer la comprensión del Grial desde diferentes perspectivas.

A medida que el mundo se enfrenta a nuevas formas de interacción con el patrimonio cultural y espiritual, el Santo Grial sigue siendo un símbolo poderoso que invita a la reflexión sobre la fe, la historia y la cultura. Las investigaciones futuras sobre esta reliquia tienen el potencial de aportar nuevos conocimientos y abrir caminos para el estudio del patrimonio religioso en un contexto global, mientras el Santo Grial continúa inspirando a académicos, peregrinos y devotos en todo el mundo.

BIBLIOGRAFÍA

FUENTES PRIMARIAS.

Archivo de la Catedral de Valencia. Documentación histórica relacionada con la llegada y custodia del Santo Cáliz, manuscritos y actas capitulares.

Carta Apostólica de Benedicto XV. Institución de la Fiesta del Santo Cáliz. Roma, 1916.

Crónica del Monasterio de San Juan de la Peña. Relatos medievales sobre la custodia del Santo Cáliz antes de su traslado a Valencia. Manuscrito del siglo XIV.

Documentos de la Corona de Aragón. Archivo General de la Corona de Aragón, Zaragoza. Registros de Alfonso V de Aragón sobre el traslado del Santo Cáliz a Valencia, 1437.

Sermones y homilías de los arzobispos de Valencia. Siglos XV al XXI. Archivos de la Catedral de Valencia.

Testimonios de peregrinos. Relatos históricos recogidos en los siglos XVI-XVIII sobre la veneración del Santo Cáliz en la Catedral de Valencia.

FUENTES SECUNDARIAS Y ESTUDIOS CRÍTICOS.

Beltrán Martínez, Antonio. *El Santo Cáliz de la Catedral de Valencia: Estudios Arqueológicos e Históricos*. Ayuntamiento de Valencia, 1960.

Blasco Ibáñez, Vicente. *Valencia: Sus monumentos y tradiciones*. Biblioteca Nueva, 1920.

Casanova, Santiago. *La ruta del Santo Grial: Historia, mito y devoción*. Publicaciones de la Universidad de Valencia, 2011.

Fletcher, Richard. *La búsqueda de El Cid*. Oxford University Press, 1990.

García Serrano, Andrés. *El Santo Cáliz de la Última Cena y su presencia en la Catedral de Valencia*. Espasa Calpe, 2006.

González, Manuel. *El Santo Grial: Leyenda y realidad histórica*. Editorial Crítica, 1998.

Huguet, Josep. *El Santo Cáliz en la iconografía cristiana*. Salvat, 1975.

Martín, María. *La Catedral de Valencia: Arquitectura y espiritualidad*. Ediciones Catedral, 2002.

Sanz, Isabel. *Mística y poder: El Santo Cáliz en la Corona de Aragón*. Ediciones Complutense, 2014.

Torres, Julio. *Reliquias cristianas en España: Historia y leyenda*. Universidad de Sevilla, 2005.

Vázquez de Parga, Luis. *Las peregrinaciones a Santiago de Compostela y el Camino del Santo Grial*. Ediciones Rialp, 1999.

APÉNDICES

CRONOLOGÍA DEL CÁLIZ DE VALENCIA.

Siglo I a.C.: Fabricación de la copa de ágata que se cree forma parte del Santo Cáliz.

Siglo I d.C.: Según la tradición, la copa es utilizada por Jesucristo en la Última Cena.

Siglo III: La copa es trasladada a Roma, donde permanece custodiada por la iglesia primitiva.

Siglo IV-VIII: La reliquia es llevada a Hispania para protegerla de las persecuciones en Roma.

Siglo XI: El cáliz es depositado en el Monasterio de San Juan de la Peña, en Aragón, por mandato de reyes aragoneses.

1437: El Santo Cáliz es trasladado a Valencia por orden del rey Alfonso V de Aragón, instalándose en la Catedral de Valencia.

Siglos XV-XVIII: El cáliz es venerado en ceremonias importantes y adquiere un estatus de reliquia central en la vida religiosa de Valencia.

1936-1939: Durante la Guerra Civil Española, el cáliz es escondido para protegerlo de posibles daños.

1959: Se conmemora el 500 aniversario de la llegada del Santo Cáliz a Valencia con una magna procesión.

1982: El papa Juan Pablo II utiliza el Santo Cáliz en la misa celebrada durante su visita a Valencia.

2006: El papa Benedicto XVI utiliza el Santo Cáliz en la misa del Encuentro Mundial de las Familias en Valencia.

2015: El Vaticano declara el Año Santo Jubilar del Santo Cáliz.

2021: Celebración de otro Año Jubilar con gran afluencia de peregrinos internacionales.

Mapa del recorrido del Santo Grial.

Ruta del Santo Grial

El recorrido tradicional sigue el camino desde los Pirineos (en la frontera de España con Francia) hasta Valencia, pasando por lugares clave como San Juan de la Peña. Esta ruta forma parte del Camino del Santo Grial, que se ha estructurado como una vía de peregrinación que conecta hitos históricos relacionados con el traslado de la reliquia.

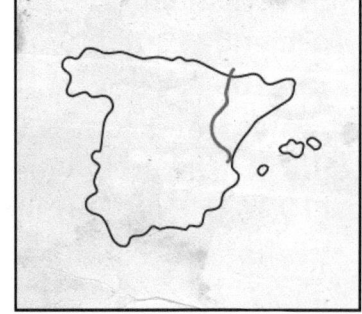

100 valencianos inmortales

Alejandro Alcalá

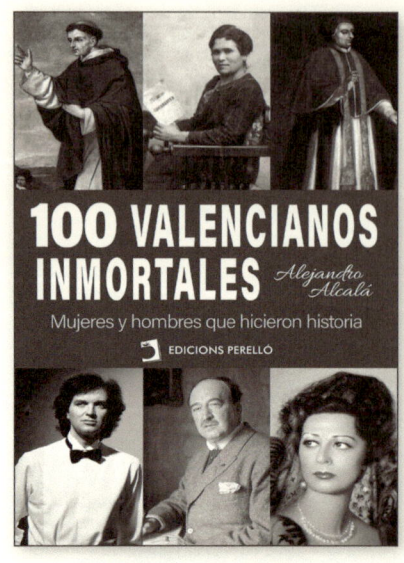

No se puede hablar de la historia de valencia sin nombrar a aquellos que la hicieron grande. Desde Valentia Edetanorum, con los romanos, pasando por Balansiya, con los musulmanes, hasta la Valencia que conocemos hoy. Todas las épocas han sido marcadas por personas que han hecho que hoy Valencia esté donde esté.

En este libro presentamos, ordenados cronológicamente, a los valencianos y valencianas inmortales, los hombres y mujeres que dejaron una huella en la historia y por eso alcanzaron la deseada inmortalidad. Nombres imperecederos, obras que han influido en lo que somos.

I.S.B.N.: 978-84-10227-94-1

EDICIONS PERELLÓ